瀚文
錦綉

抓执行

决定未来的关键力量

浅显易懂的语言 · 富有逻辑的篇章 · 大量生动的案例

张恩敬◎著

天津出版传媒集团
天津人民出版社

图书在版编目（CIP）数据

抓执行/张恩敬著．--天津：天津人民出版社，2017.12

ISBN 978-7-201-12743-9

Ⅰ．①抓…　Ⅱ．①张…　Ⅲ．①企业领导学　Ⅳ．①F272.91

中国版本图书馆CIP数据核字（2017）第297161号

抓执行

ZHUA ZHIXING

出　　版　天津人民出版社
出 版 人　黄　沛
地　　址　天津市和平区西康路35号康岳大厦
邮　　编　300051
邮购电话　（022）23332469
网　　址　http://www.tjrmcbs.com
电子信箱　tjrmcbs@126.com

责任编辑　刘子伯
装帧设计　孙希前

印　　刷　三河市航远印刷有限公司
经　　销　新华书店
开　　本　710×1000毫米　1/16
印　　张　15
字　　数　120千字
版次印次　2017年12月第1版　2017年12月第1次印刷
定　　价　36.00元

「前 言」

一个人要成功，首要条件必须有明确的责任。这仅仅是指一个人，而在企业经营中，除了有明确的责任是仅仅不够的，最重要的是执行力，一个企业如果没有执行力就存活不下去。或者是这样说：执行力是企业生存的保证。

正如叔本华所言：事物的本身并不影响人，人们只受对事物看法的影响。一个企业在发展过程中必然会遇到各种各样的问题，甚至会是瓶颈，这个时候企业需要我们的职员发挥积极正面思考的力量与智慧，正确面对企业所进行的变革，以对企业和自己 100% 负责的态度投身到企业的建设中去。

执行力是指有效利用资源、保质保量达成目标的能力，指的是贯彻战略意图，完成预定目标的操作能力。是把企业战略、规划转化成为效益、成果的关键。

执行力包含完成任务的意愿，完成任务的能力，完成任务的程度。对个人而言执行力就是办事能力；对团队而言执行力就是战斗力；对企业而言执行力就是经营能力。

执行力的高低，不仅在于对日常的工作能否认真细致按时保质的完成，更重要的是，遇到棘手的问题，要想尽一切办法加以解决，将工作中的难题当作自己的事，不推诿，不绕行，全力以赴。要达到这样的境界，必须将职业当作事业，用积极的态度对待工作，才能有所成就。

《抓执行》一书，用浅显易懂的语言、富有逻辑的篇章、大量生动的案例向我们阐明了执行力的根本，使我们接受了一场现代管理思想的洗礼，从而破解了许多压抑在心头的疑云，看到了自己身上以及周边存在的一些问题，为今后提高工作效率指引了更加科学有效的方式和方法。

「目 录」

第一章

有创新才能提升执行力

创新是推动组织变革的重要力量，也是组织长久发展的源泉。如何有效利用人力资本，特别是充分发挥创造性以提升竞争力，便成为组织面临的重要挑战。创新不单指产生创新想法本身，还包括产生创新构想的行为。

规划你的职业生涯

当下是一个竞争的时代，社会上人才济济。怎么样才能充分发挥自己的优势、突出自己的核心竞争力，是每一位职场人应该考虑的问题。作为一名创新型领导，要想在职场中有所发展。就需要对自己的优势、兴趣爱好、职业特点以及自己所从事行业的未来发展有一个仔细的研究，也就是我们所谓的职业生涯规划。一个人只有尽早尽快地做好自己的职业生涯规划，认清自我，不断挖掘自身潜能，才能正确把握人生方向，获得升职的机会，走向成功的人生。

同样，作为一名领导，只有顺应时代发展的潮流，不断地完善自我，规划自己的职业生涯，才能成为一个符合新时代要求的创新型领导。那么，在制定领导的职业发展规划时，我们应该注意些什么呢？我们不妨来看看李华是怎样规划自己的职业生涯的：

李华是一家照明产品厂的领导，想为自己的职业做一份规划，他在对自己进行了全面分析之后，得出自己的角色特征是：29 岁，工作 4 年，目前是一家大型照明生产厂家的领班，公司各项制度完善有前途，所以想继续在公司发展，从领班做到主管做到主任，最后在 5 年内成为一名经理级别的优秀管理者。

但是，目前自己有一些不足，即：性格上有一些些内向，不爱说话，但是脑子转得快、技术过硬又肯吃亏。他的这种不计较的个性使其在担任领导时期获得了领导和下属的一致肯定。对以后的发展，李华的规划是——自己还要努力学习沟通技巧，加强对口才的锻炼；自己虽然已是生产骨干，但是仍需要进一步研究，并且还要学习新技术；另外，要想成为一名优秀的管理人员，还需要加强学习管理知识。

在李华制定好自己的职业阶梯后，他还特别仔细分析了各项职务的内涵，对每个职位的工作内容、学历、工作经历、技能和知识都做了一个说明。对需要做什么，需要学习什么，需要增加什么经验，需要怎么培训等等都有明确安排。

最后，李华又向朋友、同事和领导就自己的职业规划做了咨询，如此明确的职业规划再次令周围的人对他投以赞赏的目光，纷纷赞扬他有想法有创意。

将李华制定自己职业生涯的过程提炼一下，我们就可以清楚地了解职业生涯规划的流程应该是：

1. 个人因素分析——影响职业生涯规划的个人因素就是对自身的认识过程。对于一个创新型领导来说，自我进行恰如其分的评估是第一步。自我评估包括对自己的兴趣、特长、性格、学识、技能、智商、道德水准等各方面的判断。清醒地认识了自己，就能对自己的职业做出正确的判断，就能对未来的职业发展做出正确的选择，进而才能对自己的职业生涯目标做出最佳抉择。

2. 环境因素分析——正如俗语所讲，“环境造就人才”，作为一名创新型领导，唯有清楚地知道自己的处境，才能确定下一步努力的方向。要评估各种环境因素对自己职业生涯发展的影响，要分析自己所处环境的特点、环境的发展变化情况、自己与环境的关系、自己在这个环境中的地位、环境对自己提出的要求以及环境对自己有利的条件与不利的条件等等。只有对这些环境因素充分了解，才能做到在复杂的环境中避害趋利，使你的职业生涯规划具有实际意义。

3. 员工生涯定位——就是要求创新型领导通过对个人、组织、社会等因素的分析，对几方面的因素进行综合考虑，使人与职相匹配。进而确定员工的职业通道。

4. 制定职业发展计划——确定职业发展（远、中、近）目标，选择职业发展的拓展工具（岗位交换和多工种训练、兼职培养、现场指导、离职学习、晋升等），制定实施计划与措施。

5. 职业辅导——职业辅导实际上是职业生涯规划整个过程的支持与服务；它贯穿于整个职业生涯规划活动，包括规划前的宣传与推广、规划过程的分析与指导、实施过程的在职教练等。有效的辅导可以采用每日辅导、定期辅导、业绩改进辅导、行为与能力提升辅导等多种形式。

6. 评估与反馈——由于影响职业生涯规划的因素较多，而一个职业生涯规划的实施周期相对较长，各种影响因素又大多是处于动态变化中的，因此，要使职业生涯规划行之有效，就必须对其进行分析、评估，以根据最新现实的情况进行调整，采取与之相适应的对策。

胜在执行

领班是一个充满锻炼意味的岗位，发展空间很大。创新型领班会将自己的专长和职场需求相结合，制定合乎自身情况的规划，然后再在此基础上，一步一个脚印地向上攀登，直到成功的顶峰！

不断提升自己的领导能力

任何一个领导，都具备成为创新型领导的可能，然而，在现实职场中，真正成为出色领导的人并不多，这并非需要有管理的天分，只是很多人都没有注意到提升自己的领导能力这个问题罢了。因此，要做一个优秀的创新型领导，一定要注意不断提升自己的领导能力。

“我是一步一个脚印，从车间走上来的。”现在已经是某公司经理的刘明这么说，从一名普通的公司车间员工到领班到主管到经理，刘明是这么描述自己的经历的。

2005年初进公司的刘明还只是个毕业不久、缺乏工作经验的大学生。他从车间的普通工人做起，从第一道工序到最后一道工序他全都做过，有很多活又重又累，但是他从来没有抱怨过。也正是他的这份努力，两年以后，刘明变成了车间领导。

工作上，刘明依旧非常努力，但是身为一个管理者，对自己的标准当然不能还只是停留在做好自己工作的基础上，他那段时间也很迷茫，虽然知道自己应该做点什么才对，但具体应该怎么做却不清楚。“当我第一次听到领导力三个字的时候，我觉得我找到了方向。没错，就应该朝着这个方向前进。”

他从创造更具有亲和力的工作氛围，让员工有归属感上着手，从而开始得到大家的信任。刚好公司的一项产品准备申请专利，刘明也参与了，并且在同事们的一起努力下顺利完成。他在这份工作中所表现出来的组织能力更是让领导刮目相看，不久就顶替了升职的车间主任的位置。而现在，他已经再次升职，成为了经理。他感慨地说：“一定要不断地学习，才能寻找到领导力上的突破点。”

专业突出、组织能力强、团队和谐等等，刘明一路走来对自己这些能力的培养其实就是在不断地提升他的领导能力，也正是由于自己重视不断提升领导能力，才让他的升职之路变得如此顺利。由此可见，每一个领导都应该加强这方面的修养。那么，要提高自己的领导能力，究竟应该在哪些方面不断努力呢？

1. 专业能力。在所管辖的团队内，对自己的业务(人员、机器、材料、方法)娴熟，能够指导下属并向上司提供建议帮助正确判断，这是开展工作必须具备的能力，作为基层管理人员，这方面的能力特别重要。

2. 问题解决能力。具有发现问题的意识和想象预测能力，一旦发现妨碍目标达成的问题，立即分析现状，找到原因。在遇到问题的时候，要全方位思考对策，并提出正确意见直至解决问题。

3. 指导员工的能力。在经过深思熟虑后，为了顺利地展开日常业务而传授必要的知识及方法；指出员工在意识和行动上的不足之处；使大家理解业务的定位、重要性；提高他们的工作劲头儿。

4. 组织能力。为了达成部门的目标，善用班组每一个员工的特点进行任务的分担，发挥全体人员的能力，同心协力，使部门运作达到最佳。

5. 目标管理能力。在处理业务时，设定主题、时限、数量等具体的目标，提高员工们的参与意识。

6. 交流、交际能力。为了能够进行直接的意见沟通，交流必要的信息，应该具备善于说话、倾听、商谈、疏通及说服对方的能力。要具有良好的沟通协调能力，减少摩擦、融洽气氛、提高士气，有助于构筑良好的信赖关系。

7. 善于倾听的能力。很多管理者都有这样的体会，一位因感到自己待遇不公而愤愤不平的员工找你评理，你只需认真地听他倾诉，当他倾诉完时，心情就会平静许多，甚至不需你做出什么决定来解决此事。因此，对于领导来说，在面对有问题的班组成员的时候，要善于倾听。

8．亲和力。管理者进行管理的目的是为了使他的下属能够准确、高效地完成工作。轻松的工作气氛有助于达到这种效果，高度的亲和力更加能让下属们体会到工作的愉悦，更能促进工作的完成。

9．激励能力。要让员工充分地发挥自己的才能努力去工作，就要把员工的“要我去做”变成“我要去做”，实现这种转变的最佳方法就是对员工进行激励。如果领导用激励的方式而非命令的方式安排员工工作，更能使员工体会到自己的重要性和工作的成就感。

10．强大的情绪控制能力。当你成为一个班组管理者的时候，你的情绪已经不单单是自己私人的事情了，一定要学会控制自己的情绪，不要让坏情绪影响到自己以及下属的正常工作。不仅如此，还要学会掌控员工的情绪，尽可能调动员工的积极性，激发员工工作的热情。

胜在执行

自身素质是每一个人尤其是领导干部必须具备的基础和前提，没有素质就谈不上领导能力和领导水平，更谈不上业绩，可见领导的素质至关重要。

明确自己的“领头羊”位置

一、树立威信

领班是企业基层的管理者，也是班组成员中的普通一员，既要完成自己岗位应承担的生产指标，也要组织班组成员完成上级下达给本班组的各项生产任务，还要做好班组的班员教育、安全生产、节能降耗等各项管理工作，可谓是官儿不大，责任不小，权力不大，任务不轻。领班在日常管理工作中，面对的是朝夕相处的工友，既不可能依靠行政命令的高压政策，也不可能依靠严厉处罚的经济手段，更不可能放任不管。严管、重罚，处理不好个人与班组成员的关系，容易孤立自己，难以得到大家的支持与配合，而放松班组管理又难以完成生产任务，降低班组管理水平，不好向上级交差，得不到上级的肯定。鉴于领导在开展工作中存在的种种困难，领班要顺利地开展工作，必须建立自己的威信。俗话说，“打铁全靠自身硬”，要做好班组管理工作，必须加强自身建设，唯有通过率先垂范，树立威信，赢得大家的理解、信任，在开展工作时才能得到大家的支持与配合。而且领班如果知识丰富、能力超众、人格高尚，就会在班员中不言自威，不令而行，开展班组工作会更加得心应手，可以说威信是做好工作的无形资本。

那么企业领导如何建立自己的威信呢？

首先，领班要严于律己。在工作上要严格管理，生活作风上要严格要求。人们常说喊破嗓子，不如做出样子，榜样的力量是无穷的。领班整天和班组职工在一起，其一言一行、一举一动都直接影响着每名职工，领班要带头学习上级一系列安全文件、安全指令。领班要为班组安全生产起到表率作用，要身先士卒，凡是要求班组职工做到的，自己要首先做到；禁止班组职工去做的，自己绝对不做。领班要经常加强自律，不断提高业务技能和管理水平，要坚持原则、遵章守纪、分清是非、大胆管理、处事公道、奖罚分明，严格抓好动态下的现场管理和正规操作。

其次，领班要有过硬的专业技能。领班能力的强弱、素质的高低，直接影响整个现场管理乃至企业整体管理水平和经济效益。而且领班在班组管理工作中，要指导班组成员学习技术技能，要当好班组成员的老师，就必须在业务知识和技术技能上领先一步，高人一筹，也就是说要想给别人一碗水，自己首先就得有一桶水。要通过不断加强知识充电，做到别人不会的我先会，他人已经掌握的我更强，精一行、懂两行、会三行。班组生产过程遇到的安全隐患能够迅速排除，工艺技术上遇到的难题能够迅速处置，基础管理中遇到的困难能够迅速化解，这样班组成员在遇到难题时自然会首先想到领班，领班在组员中的威信也会自然而然地逐渐建立起来。

二、灵活沟通

在班组建设中，领班要加强与员工之间的沟通理解。领班要深入职工中了解和反馈职工的思想动态，把职工提出的合理化建议、意见及时采纳，并付诸实施。领班要努力做到多走、多看、勤督促、勤提醒，坚决制止违章违纪行为，现场发现威胁安全的隐患及时整改排除，抓好生产过程中每道工序的衔接，保证施工质量优良。在深入现场的同时，领班也要发挥上下联系的桥梁作用，及时准确地向班组职工传达上级的指示精神，并把班组生产现场信息及时准确地向上反馈。领班要加强与现场安监员、验收员等安全管理人员之间的沟通，要大力支持他们的工作，他们提出的问题要及时予以解决，与他们一起把好班组安全关，进而实现班组安全生产。领班一定要提高沟通能力，掌握沟通艺术，做一名善于沟通的领班，让组员在遇到困难时愿意信任自己。有了组员的信任和支持，让组员感觉到领班的努力和真心关心他们的心情，就会慢慢走进组员的心里。

下面我们结合具体案例介绍几种沟通原则与沟通方法：

控制情绪，理智沟通

情绪管理是初为管理者的领班的第一项修炼。遇到下属工作粗心、违规等问题，领班切忌采用呵斥、怒骂、责备等不理智的方法来解决，这样只会激化矛盾，不能真正地解决问题。沟通以解决问题为目的，遇事应冷静、理智，心平气和地采用下属能够接受和理解的方式进行沟通。

案例：某日，员工史某在领班发放劳防辅料时，询问为什么有一样辅料没有发放给他，领班无意地解释仓库没有发送过来。员工表示怀疑，询问数次，导致领班与员工口角升级，矛盾上升。领班发现，之后员工对他敬而远之，工作热情也大打折扣。领班反省后也对自己的行为深感后悔，他意识到，在日常的班组管理中，自己要有自制能力，能控制自己的情绪，遇到矛盾冲突要保持冷静，对事不对人。同时，领班应关爱员工，事事要耐心讲解。之后，这名领班并没有因此事而排挤打击该组员，而是鼓励加赞赏。该员工积极性也大大提高，多次在质量方面受过表扬和嘉奖。

放下“官架”，平等沟通

人拒绝被管理，就如同拒绝被征服。领班与组员之间只有职位的高低、权力的大小，没有人格上的高低之分。领班只有放下“官架子”，尊重组员，平等沟通，才能真正走进组员心里，被组员接纳，否则组员表面上可能会听命于领班，实际上却对领班避而远之。

案例：某车间各个岗位之间的专业性都很强，各岗位也很分散，除了本岗以外，想要弄懂其他岗位工作也很难。领班程某勇敢地去面对这个头痛问题，经常和班组成员在一起沟通，一起谈生产上如何协调，一起谈工作上如何配合，一起谈集体的力量等等。尤其是在车间搞成本核算考核时，程某经常和班组里每一个成员共同研究如何才能节能降耗，如何使班组效益达到最大化。程某经常把成本核算结果拿给班组里的每一个成员看，让组员和别的班组员做比较，提高他们的成本意识；找到自己班组的差距，让组员们充分认识到，节能降耗不是一个人所能完成的。时间长了，大家都很关心这件事，每个人也都会主动地进行生产调整，降低消耗，各个岗位都会主动配合，并且紧密地团结在一起，努力争第一。这就自然而然地形成了一种凝聚力，有了班组这种凝聚力，各项工作就相应地好开展了。

换位思考，坦诚沟通

所处的位置不一样，思考的方式自然也不一样，因此领班与组员之间的冲突也往往不可避免。如果领班能够站在组员的立场，设身处地地为其着想，才能更好地理解组员的想法和做法，才能找到沟通的融合点。

案例：杨某是某班新晋领班，按照年龄来说，在班里年纪最小，其他组员工龄都比杨某长，因此刚开始，杨某遭到了一些组员的排挤。一日，杨某让一名组员去车间办公室把劳保用品取来，连续跟他说了三遍，他都没有动，到第四遍时，杨某非常气愤了，以生硬的语气质问道：“你是拿还是不拿啊？”虽然后来取来了，但这名组员是非常不情愿，这名组员认为，“凭什么，什么事情都让我干！”通过这件事，杨某的感触很大，杨某想到，如果自己被比自己资历浅的人叫去干活，心里也肯定有所不悦，以后和自己的组员沟通要注意语气和方法。在以后的工作中，杨某也尽一切力量身先士卒，尽可能站在组员的角度去考虑问题，和班组成员经常沟通，遇到事情，也说给组员听，让大家一起去想解决的办法。如果没什么异议就一起去实施。之后，该班组的日常工作不再需要杨某每天去强调了，而是组员主动去做。

主动关心，从心沟通

“沟通从心开始”，这是中国移动一句耳熟能详的广告语，对于基层管理者领导来说同样如此。班组凝聚力建设和士气管理可以说是班组管理的重点，只有把班组成员团结起来，拧成一股绳，才能完成艰巨的任务，克服各种困难。要处理好自己与组员之间的关系，首先要尊重、信任和理解他们，关心他们个人及家庭生活，帮助他们解决遇到的困难。

案例：某班有一位老师傅在工作中不小心把脚扭伤了，在家休了一段时间病假，领班利用周末时间去看望了他，这位老师傅很感动。等他上班以后，他除了尽他的最大努力去工作以外，他还尽自己最大努力来支持这位领班的工作。所以，学会用细微的工作去感化人，更有利于班组工作的开展。

三、善于激励

有一句话：“没有不好的员工，只有不会管的领导”。员工积极性不高，不能归咎于员工的素养和态度，而要在管理机制、领导方式等方面找原因。员工潜能的激活和挖掘需要正确的引导、有效的正向激励，而严格的考核制度、严厉的惩罚并不能激发员工的积极性。领导在日常管理中可以采用以下几种激励技巧：

1. 荣誉激励。

所谓荣誉激励，就是以发奖状、证书、记功、通令嘉奖、表扬等形式对人的行为进行肯定。对于班组员工，不要太吝啬一些头衔、名号，因为它们可以换来员工的认可感，从而激励起员工的干劲儿。

2. 目标激励。

目标激励可以帮下属定位角色，明确绩效标准，建立活动规则，决定组织结构。如果上司对下属的业绩没有明确的期望值，将会阻碍下属的自我激励。管理者必须通过目标对下属进行管理，当组织最高层管理者确定了目标之后，必须对其进行有效的分解，转变为各个部门以及个人的分目标，管理者必须根据分目标的情况对下属进行考核、评价和奖惩。进行目标设置时，应该遵循以下原则：

目标设置要具体明确；目标设置要与组织相协调；目标设置要有可接受性；目标设置要及时反馈。

3. 参与激励。

如果想让一个人来遵守规则，最好的办法就是让他参与制定规则，因为规则是在他的参与下制定出来的，所以他也要监督这项规则得到很好的实施。参与激励就是把下属视为合作伙伴，让他们在企业中有主人翁的感觉。所以，在工作中尽量让下属参与决策，共同研究工作，引导下属开动脑筋，找出好的答案。下属体会到方案的提出也有自己的功劳，就会在执行中做到既能准确理解、又能积极地去开展工作。不管下属在公司中有没有股份，领导一定要在语言上、态度上表现得像个合作伙伴，他才会像真的合作伙伴一样在工作中尽心尽力。

四、科学授权

授权 (Empowernlent) 是领导者通过为员工和下属提供更多的自主权，以达到组织目标的过程。授权是领导者智慧和能力的扩展和延伸，必须遵循客观规律和原则，授权过程是科学化和艺术化的过程。

一个人去买鹦鹉，看到一只鹦鹉前标有：此鹦鹉会两门语言，售价二百元，另一只鹦鹉前则标道：此鹦鹉会四门语言，售价四百元。该买哪只呢？两只都毛色光鲜，非常灵活可爱。这人转啊转，拿不定主意。结果突然发现一只老掉了牙的鹦鹉，毛色黯淡散乱，标价八百元。这人赶紧将老板叫来：这只鹦鹉是不是会说八门语言？店主说：不。这人奇怪了：那为什么又老又丑，又没有能力，会值这个数呢？店主回答：因为这只鹦鹉可以指挥另外两只鹦鹉。

这故事告诉我们，真正的领导人，不一定自己各方面能力都很强，只要懂信任，懂放权，懂珍惜，就能团结某些方面比自己更强的力量，从而提升自己的身价。所以真正的管理者一定要懂得授权，授权是对下属莫大的信任，下属获得有效授权后会竭尽全力去完成好工作。授权以后的充分信任，等于给了下属一个平台，一种机会，给了其受尊重的感觉，让他有了一个广阔的施展抱负的空间。所以在与下属沟通时，要告诉他你对他的充分信任，他所获得的职权是什么，让他放开手去做。

授权应该遵循以下几个原则：

1. 相近原则。这有两层意思：给下级直接授权，不要越级授权；应把权力授予最接近做出目标决策和执行的人员，一旦发生问题，就可立即做出反应。

2. 授要原则。指授给下级的权力应该是下级在实现目标中最需要的、比较重要的权力，能够解决实质性问题。

3. 明责授权。授权要以责任为前提，授权同时要明确其职责，使下级明确自己的责任范围和权限范围。

4. 动态原则。针对下级的不同环境条件、不同的目标责任及不同的时间，应该授予不同的权力。贯彻动态原则体现了从实际需要出发授权，具体可采取：

（1）单项授权。即只授予决策或处理某一问题的权力，问题解决后，权力即行收回。

（2）条件授权。即只在某一特定环境条件下，授予下级某种权力，环境条件改变了，权限也应随之改变。

（3）定时授权，即授予下级的某种权力有一定的时间期限，到期权力应该收回。

授权有以下几万面的好处：

（1）明确组织成员之间的关系。

（2）使领导者能够腾出时间处理领导活动中最重要的问题。

（3）为被领导考提供培养和锻炼工作能力的机会，有利于不断充实各级领导人员。

（4）能够提高决策的效率。

（5）能够提高企业组织成员的士气。

要保证团队灵活高效运作，领导应随着团队文化的建设和发展，通过授权让团队成员更多地参与团队的决策过程，允许员工个人或小组用自己的方法更灵活地开展工作，并承担相应的责任。

领导灵活授权团队成员是团队精神的一种体现。其不仅能显示领导对团队成员的信任，也能给予团队成员以学习和成长的空间，更可以奠定团队信任的基础。

我们知道，是人就都有自我实现的愿望。领导授权给团队成员，有利于充分发挥团队成员的积极性与创造性。因为富于挑战性的任务，不仅能使他们不断地拓展和开发自己的知识技能与创造的潜力，而且每一项任务的成功，都能使他们由衷地感受到实现自我价值的快感，从而更积极地参与团队文化建设工作。

胜在执行

团队成员能在自己的授权范围内进行及时决策来应对内外环境的变化，领导也可以将工作重点由内逐步转向关键点控制、目标控制和过程监控等外部控制，从而保障团队的成功运作。

知人善用，人尽其才

在职场中，知人善用、人尽其才道出的是真正的管理之道。事实上，公司唯一真正的资源是人，怎样将人的才能和潜能充分挖掘出来是管理的重心。特别是在竞争如潮的今天，一个公司能否成功，主要取决于它能否对人力资源进行有效的开发，能否将公司全体员工的能量都释放出来。因此，如何“让合适的人用在合适的位置上”，让班组成员都能各在其位是一个优秀的创新型领导的必要素质。那么，究竟如何才能善用人才呢？

1. 取其所长，避其所短。俗话说得好：“瓜无滚圆，人无十全。”人无完人，任何一个人都不可能十全十美，总会有这样或者那样的缺点不足，领导如何练就一双“火眼金睛”，准确地看到员工的优缺点，并且充分发挥，扬其长避其短，这就是一个创新型领导的必备能力之一。

2. 量才用人。量才用人，就是根据不同人才的特点、素质以及才能的多少为其安排相应的岗位。在生产中，不同的工作岗位，对人才有不同的要求；不同的人，对岗位也有不同的适应性。如何做好两者之间的协调关系，是一个优秀的创新型领导必须处理好的问题。尽量给每一个员工安排合适的岗位，既要防止大材小用，浪费人才；也要防止小才大用，虚占其位，贻误事业。

3. 组合人才，发挥最大效应。班组是一个团队，1+1 是否大于 2 就取决于领导有没有将团队的成员完美搭配了。

吴熙是某机械设备厂生产车间的领导，年年都是生产带头人。虎将底下是虎兵，他的下属一个个都是生产能手，技术过硬，尤其以刘颖和徐明为代表，两人年纪、能力、经历和资历差不多，都是吴熙的得力干将。

吴熙在分配组员的时候，就想着把这两人放一起那得多优秀啊，于是两人就成了班组中的一个生产小组。但是事情却没有朝着他的想象发展，两人在一起合作之后，经常意见不合，了解以后发现两人经常因为谁的方法更好才起的矛盾；在吴熙看来，其实两种方法都不错的，用哪一种都很好，但是刘颖和徐明的组合却常常落后于别的生产小组。

在吴熙进行团队组合的时候，就犯了一个错误，以为两个优秀的放在一起会变得更加优秀。殊不知，就单个讲，都是人才，但是把两个各方面相当的人放在一起却不一定能够发挥最大的功效。在组合人才的时候，一定要遵循“互补”的搭配原则。如果一柔一刚、一老一少、一男一女的形式加以组合，结果可能就大不一样，如果让刘颖和徐明各自带领一个比较弱却能有补充作用的组员，效果应该比把他俩凑对要好得多。因此，作为一名创新型领导，在使用人才的时候，不仅要重视个体的素质，还要高度重视群体结构的合理化，使群体中的个体相互弥补，达到“1+1”大于“2”的效果。

4．明责授权，信任人才。用人不疑，疑人不用。创新型领导在组织生产团队的时候，如果已经决定将谁纳入自己的团队，那么就要大胆使用，不要怀疑犹豫。

刘明最近招了个新员工加入班组，当他跟组员介绍新成员小徐的时候，老员工们对此很不以为然，小徐太年轻、还是大学生；现在的大学生往往是眼高手低，什么都不晓得，又吃不了苦。刘明老部下们的反应和自己当时看到小徐的反应是一样的。其实当初在招聘的时候，刘明也和大家想的一样，担心新员工会拖大家的后腿。但是人事经理向他再三保证，这个新人和一般人完全不一样，理论知识扎实，更可贵的是很能吃苦耐劳。在人事经理的再三推荐下，刘明收了他。

刘明的最大特点就是，一旦决定信任谁，那么就把他当自己人了。

他定了定神，说："你们大家很多刚来我这里时，不也是什么也不懂？再说了，我们小徐的经历可比你们当中一些人要更让我满意呢。大家以后要团结一心，好好工作。"班长这么说，大家也只能听从了。

不过小徐工作之后还真的让人没话说，态度谦虚、工作认真努力。小徐来了不久，就接到一个很紧急的生产任务，需要全组人临时加班。按照惯例，对于新手来说，因为技术不过硬，速度跟不上来，一般都会让他们提前走。刘明对小徐这么说的时候，小徐婉拒了，要留下来和大家一起。更让刘明惊喜的是，短短一些日子他居然进步如此神速，不晓得的完全不知道他是新手。当刘明表扬小徐的时候，小徐淡淡一笑道："班长，您都那么挺我了，我不好好干怎么对得起您。"

是的，既然认为是人才，既然已经决定接受某人成为自己的班组成员了，就要明责授权，大胆使用，用而不疑。这方面，刘明是榜样。他接纳了小徐，就完全信任他，最后小徐果然没让他失望。现代企业想要管理出色，领导人一定要大胆、充分地使用人才。

5. 及时淘汰庸才愚才。在用人过程中，再高明的领导者也有失误的时候。作为一名创新型领导，在发现自己犯错的时候，一定要及时改进，一旦发现庸才，就要坚决而得法地将其撤换。发现庸才不及时撤换，既影响工作与事业，又会给自己带来负面影响，容易起到不良的导向作用。在淘汰的过程中，还有一点尤其要注意，如果你频繁地更换下属，问题可能就在你了，所以一定要谨慎。

胜在执行

拿破仑说过，最难的倒不是选拔人才，难点在于选拔后，怎样使用人才，即使他们的才能发挥到极致。

善于思考，在疑问中找方法

在现实生活中，聪明人未必就是一个高效能的成功者，只有那些能够充分调动自己的智慧，带着思想工作的人才能成为出色的高效能人士。同理，在班组工作中，聪明的领导未必是称职的领导，只有那些带着思想去工作的领导，在工作中不断地问为什么、解决为什么的领导才是称职的领导，才能成为一个创新型领导。

周安被提拔为组长，算是破格录取的，要知道，他本来只是生产车间的一个器材保管员。但是他的好奇、凡事喜欢追究为什么的习惯为他自己的成长带来了很积极的影响。

周安从小就是个好奇娃娃，小的时候拆闹钟、拆手表什么全都干尽了。自从担任器材保管员以后，每天干好自己的本职工作，把大大小小的器材都清点好，他还一改以前无序摆放器材乱成一堆的现象，给每个器具编号摆放，大到抱杆小到螺丝，都给设计了专门的摆放位置，纹丝不乱。

每次有同事来借器材，他都能第一时间把器材准备好，领导对他很是喜欢。而真正让他被大家熟知的是，一个专门擦器材保管器材的人居然为生产设计出了一款新工具。

一次，他看到电路组的同事进行线路施工，做临时拉线时用于锚桩上的钢丝绳钮头使用很不方便，要两个人固定不说，还老是错位。于是，“好奇宝宝”想着能不能用一种工具给固定好了呢?

说干就干，虽然没有材料也没有设备，但是他还是画出了草图，做出了固定用的模型。然后修改了好几回，到自己满意以后，他拿着模型去找打铁匠麻烦他们根据模型做出了工具。到下次，有同事再要固定钮头的时候，他拿出自己的创新发明，同事最开始还有些怀疑，用上了才晓得真的是得心应手。周安的发明很快在公司里推广开来，领导也根据他的表现将他破格提拔为电路组领导。

周安的成功来源于他不时在工作中表现出来的好奇。其实，他的发明很大吗？真的不大，只是解决了一个如何固定的问题，但是也只有他解决了这个问题，其余的同事工作那么久也没有想过要改进一下。由此可见，在工作中带着疑问找方法，带着思想去工作是多么重要。思想决定成败，有头脑的领导最有价值，最有发展前途。可以说，带着思想工作已经成为当今时代对领导的必然要求。那么，作为一名领导，怎么样做才能带着思想去上班呢？

1．掌握方法，善于思考。思考是领导的一种必备能力，在工作中遇到需要解决的问题时，领导要根据掌握的第一手资料，运用自己的知识和实践，按照正确的方法处理问题。

孙平是一家公司的采购组长，他总是埋怨采购主管不赏识自己，而偏心于和他一起来的郑宏。

一天早上，主管对孙平说："你去了解一下最近打印纸有没有什么新产品，公司的快用完了，要储备一些。"

一会儿，孙平回来了，对主管说了一种打印纸。

经理问："价钱是多少？"

孙平又跑出去，回来说："有些贵，一张要2块。"

"有没有降价的可能？"

为了回答主管的问题，孙平再次致电给产品厂家。当他再次进入主管办公室的时候，碰巧郑宏来了，郑宏对经理说："我发现似乎要储备一些打印纸才好，快用完了。我去查了一下，最近比较流行一种新产品，价格偏贵，但是效果很好。而且我和厂家联系上了，对方说要是买得多的话可以便宜一些。"

孙平看着郑宏，总算知道了自己和郑宏差在了什么地方。

同样是办一件事，孙平要分几次去做，而郑宏不仅可以发现部门内缺什么，还能一次性做完。

其实，郑宏和孙平的区别就是有没有带着思考工作的差别所在。在工作中，应该认真地思考遇到的每一个问题，有意识地多想一想自己的决定是否能够经受住考验，自己的计划是否全面周详，这样或许能够避免很多自以为是的很幼稚的错误，才能顺利圆满地完成每一项任务，并得到领导的赏识。

在创新思维修炼中，可以说思考比处理更为关键。“是什么”比“做什么”更重要，“做正确的事”比“正确地做事”更重要。班组创新活动的目的就是为了解决管理问题，要想解决管理问题，首先是必须明白什么是“管理问题”。

所谓“管理问题”，就是班组“管理现状”与“管理目标”之间的差距，是“是什么”和“应该是什么”之间的差距；“解决管理问题”，就是要找到合适的方法，以不断缩小现状与期待之间的差距。所以说，“创造性发现管理问题”是创新的关键步骤，那么，怎么才能创造性地发现问题呢?

首先，领导提出管理问题必须考虑企业战略因素。要提出创新思路，也应该要有一个界限范围。有一些创新是某个特定企业才能用的，用对了才叫创新，没有用对只能带来消极的作用。领导要带领班组获得创新成就，一定要在适应企业文化的基础上展开思路才能成功。

其次，提出创新问题需要具有前瞻性的管理远见。班组中有一些潜藏在表象正常的“问题”，一眼望过去不是问题，所以管理者对此不会上心或者视而不见，但是从长远的发展看却是隐患，有可能导致重大危机。所以，面临这些的时候，班组管理者具有前瞻性的管理洞见，需要运用创新思维，敢于突破原有框架和思维定势的束缚，才能够及时发现问题和提出正确的管理思路。

2. 开拓思路，打破束缚。领导的工作不可能一帆风顺，总会遇到一些难以解决的问题，这个时候，领导要开拓思路、打破束缚。充分运用所学的知识和工作经验，根据岗位工作职责，积极思考如何打开工作局面，如何利用质量体系和环境体系的不断完善，进一步提高员工的质量意识和环境保护意识，充分发挥他们工作的能动性，以促进公司体系绩效的持续提高。

3. 对工作中的大大小小的事情，要一视同仁地重视。那种认为小事可以被忽略或无关紧要的想法，可能正是导致工作中漏洞百出的直接原因。创新型的领导在工作中就应该带着思考去处理工作中的一切，大大小小的事情都要处理好，以最高的标准要求自己，能做到最好，就必须做到最好。

4. 将思想化为行动。不能将好的思路落实于具体执行上、导致好的思路和策略成为空谈是领导不能成功管理的主要因素。一个具有创新意识的领导要有“赢在思想、成在行动”的思维，将好的策略成功执行。

5. 武装头脑，用更高更全的想法考虑问题。创新型的领导在积极主动地工作时，应该努力站在更高的领导的位置上来思考工作如何进行。如何像比自己职位更高的领导那样思考，那么自己将会变得更加主动，更能掌握工作全局。

人因思想而伟大，领导因思想而出色。企业需要有思想的领导。领导是企业基层管理的领头兵，是公司战略和规章制度的落实者，是一线生产的直接指挥者和组织者。他们在组织中起着承上启下的作用，他们的管理水平和自身组织的高低将最终影响公司的经济效益和战略目标的最终实现。所以，企业要获得长足的发展，需要有思想的领导做坚强的后盾。

胜在执行

没有解决不了的问题，因为方法总比问题多。这需要一份积极向上的心态，一种勇于进取的精神，一股开拓创新的锐气，这种积极向上、勇于进取和开拓创新，正是我们工作中不可或缺的。

更新观念加强学习，创造竞争新优势

现代企业管理已经进入到了管理创新的新阶段，要在这个新阶段中占领竞争优势就必须有新的优势。在这种大背景下，一个创新型领导必须在如何创造新的竞争优势上下一番功夫，必须更新观念加强学习。因此，要成为一个在竞争中永远保持优势的创新型领导，就必须从以下几点开始努力：

1. 更新观念，将追求企业可持续发展放在管理的首位。企业追求利润无可厚非，但是如果只把追求利润最大化作为唯一目的，那么企业终将走向灭亡。重视企业发展的创新型领导更会在生产管理中加快对产品、技术等的创新速度，不断琢磨如何优化产品，提升管理水平，加强自身知识学习，着重于帮助企业走向可持续发展的道路。

2. 更新观念，提升自己对企业运营的敏捷性。现代社会，企业所涉及的生产、营销、管理等各个方面的竞争都在不断加强。对管理者的要求也在不断提高，作为一个有创新意识的新型领导，必须站在管理者的角度，对自己的要求一定不能仅仅停留在生产车间，而应该面向更广阔的天地。

当初，林刚被提拔为领导的时候，领导觉得他最大的优点是踏实肯干，能坚持不懈。事实也证明，林刚也能带领班组团队出色地完成任务。

不过，随着客户的不断增多，企业的不断壮大，林刚却一直没有升职，连他的下属都一个一个地成为了领导、甚至是车间主任的时候，他还是一个领导。不是领导不肯给他机会，领导也想过提拔他，但是林刚在考核中的表现太不好了。问他技术的问题，他能答得很好，但是问他觉得一个领导应该怎么管理团队，怎么创新团队等问题的时候，他就变得很茫然。

或许在林刚的意识中，会觉得作为一个领导，技术过硬就行了，管那么多别的干什么？孰不知，想要成长为一名优秀的创新型领导，“两耳不闻车间外”是万万不行的，提升自己的敏捷性非常有必要。一个创新型领导，不但在生产方面，要能够依照客户订单，批量制造产品和提高服务；在营销和组织方面，也要能够敏锐地感知怎样的组合才是最高效的团队管理方式，要不断发掘新的管理方法，创造和发挥团队的竞争优势。

3. 更新观念，与其他领导加强沟通交流。领导要提升自己的竞争优势，通过交流学习取长补短不失为良方。

对某采矿企业的领导来说，除了一般领导的工作以外，每个季度的“班组交流会”更是让各个领导费尽心思的事情，也是一件很值得期待的事情。

每个季度，企业班组之间都会开展相互“串门”的互学互查活动。活动中，做经验介绍的领导毫无保留地向其他领导晒家底，把自家的独门秘籍倾囊相授。对于这种学习交流方式，参加互学互查的领导齐声称好。

陈卫华在参加交流会之前，最头疼的问题就是如何有机搭配组员。但是参加完交流会以后，他有了明确的方向。他说，另外一个班组的特点和自己的很像，也是班组新、老成员年龄跨度很大；但他们充分运用新、老成员各自的长处进行了有效互补，利用老师傅丰富的实际工作经验和新成员的高文化理论知识结成互学对子，进行互帮互助，从而达到了班组成员共同提升的目的。现在，陈卫华也准备把这个经验学习起来。

像陈卫华的企业一样，让领导之间加强沟通交流，加强修炼自身的核心能力与技术专长，弥补自身的不足和局限性对领导的管理有很大的帮助，举办学习型班组经验交流会，进行全方位、多层次学习交流，以如何创建学习型创新班组为话语点，彼此间道出不足、提出办法，这种取长补短的学习方法对于领导的快速成长有很大的帮助。

4．加强自身知识和技能的学习。知识和技能正在成为企业保持竞争优势的重要资源，作为领头羊的领导来说，更需要加强这两个方面的修炼应对知识经济的挑战。

在某棉纺厂提起生产一车间的五班领班黄小晶，那可真的是无人不知无人不晓，同事和领导都说这是一个团结进取的小组，在公司组织的各类劳动竞赛中，她们小组一直名列榜首，组员们在感到自豪和骄傲的同时，都会特别感谢自己的好组长黄小晶。

黄小晶在刚刚开始担任领班的时候，并没有得到多少人的支持。但是，黄小晶舍得对自己发狠，她不断加强自身知识和技能的学习，终于成就了今天的成功。

黄小晶在到络纱工序班组之前担任的是细纱工序班组的班长，因为表现突出，领导说让她到五班好好管理络纱班组的成员，虽然有些为难，但是她还是服从了领导的命令。

她第一天站在班组生产车间的时候，可以说是什么也不懂，面对的是全新的工作环境和与以往完全不同的工作内容，还有不时瞟向自己的不信任的班组员工的眼光。当时她的压力可想而知。不过，她想起领导在找自己谈话时候说的话："小黄，我期待络纱班组在你的指挥下成为第二个细纱班组。"想到这里，她就对未来充满了信心和希望。

说干就干，为了尽快把工作带入正轨，她从最基本的操作开始学起，她不会因为自己是领导就觉得去像下属请教会有失威信，她虚心像老员工学习，每天埋头清除纱线上的绒毛、尘屑及弱纱、粗结等杂质疵点，扎实地卷绕纱线，很快便掌握了操作的要领，连教她的员工都说，从来没看过能这么快掌握这个操作的，班长就是班长，厉害呢！然而，谁知道每天黄小晶在大家下班以后独自在车间加班学习的辛苦呢？随着黄小晶技术的不断进步，班组成员的态度越来越友好。

看完黄小晶的故事，大家应该都晓得，身为一个领导要让班组成员信服自己就必须要加强班组知识和技能的学习。何况黄小晶这个领导还是属于半路出家，很多领导都是在一个岗位上锻炼了很久的熟手了，要成为技术专家应该会容易很多的。

5. 加强学习，掌握一定的信息技术。信息技术的发展和应用已经深入到社会的各个方面，在企业当中的渗透也是相当明显。因此，要想成为一个优秀的班组管理者，必须不断地学习新知识，做一个符合时代要求的创新型领导。

然而，目前在企业当中不乏这样的人：他们是公司中上了年纪的优秀领导，对信息技术抱有怀疑态度，觉得怎么可能会有这么大作用?

梁辉，38 岁，在某制造企业担任领导已经有十年了，经验丰富，在员工当中有威信。对公司领导的决策向来支持，但是，当公司领导说要在班组开展信息化建设管理的时候，梁辉表示强烈反对。

原来，梁辉有一个 13 岁的儿子，正在上初中，这个小男孩非常调皮不说，还很沉溺于网络游戏，一天到晚都在电脑上泡着。由此，梁班长对电脑深恶痛绝，一提起电脑就只有摇头，觉得电脑除了玩游戏祸害小孩之外没有任何作用。

当然，梁班长的这个反对理由不成立，班组信息化建设照例进行，当全部开始实施运用的时候，梁班长完全不配合，当其他的领导轻松方便地使用电脑管理班组的时候，梁班长还在拿着笔和纸记录，这样不但信息更新得慢，还不利于班组之间的交流沟通，渐渐地，差距就出现了，梁辉嘴巴上强硬但是心里也还是很着急。

和梁班长关系不错的一个领导就劝导梁班长说："老梁啊，你好歹也是一个小官，观念怎么这么老旧呢，多尝试新东西才会有大进步的啊，你看我和你年纪差不多吧，但是我就觉得电脑是个好玩意儿啊，应该要尝试下的，不然，你们班组今年的流动红旗估计就不在了啊。"早就开始对自己的固执有所动摇的梁班长，这下正好有了一个台阶赶紧顺着往上爬，而在亲自操作以后，他对利用信息化管理班组的实用性和完善性大力推崇。

现在，梁班长俨然是一个电脑高手，而且他还开始以电脑为由头和儿子做了一次谈话，在儿子心目中一直是"老古董"的爸爸居然也会玩电脑了，儿子显然很吃惊，另外一个方面却开始愿意和老爸多沟通了。

梁班长的转变无疑是可喜的，而对广大的领导来说更是具有警醒作用。对于领导来说，如果在新的形势下不学习，不改变旧有的思想观念，在竞争中就会慢慢失去优势直至被淘汰，甚至连累班组团队。因此，作为创新型领导，必须对新技术抱着友好的态度，借助信息技术手段，实现更有效的组织管理。

胜在执行

创新型领导会永远走在时代潮流的尖端，通过不断更新观念加强学习，接受新的事务，倡导创新的精神，提升创新能力，创造竞争新优势。

审时度势，善于及时地决策和决断

审时，是一种决断观察能力，要求人们在做事情之前必须搞清楚自己所处的环境，然后再去做那些应该做、可以做的事情。度势，就是适合形势的发展趋向，是一种在顺利时已看到了潜伏着的危机、在挫折中已看到了胜利的曙光的能力。纵观古今中外的成功人士，他们之所以能获取成功，皆是因为他们能从实际情况出发，因时因地提出各种行之有效的方针政策和解决问题的办法。同样，在职场工作中，要成为最优秀的创新型领导，锻炼自己“审时度势”的能力是必不可少的一个重要环节。

徐磊是某陶瓷厂第一生产车间领导，是同事眼中公认最勤奋的领导，连续 3 年获得“优秀领导”称号，所带领的班组也是每年“优秀班组”的获得团队。可是 4 年前他刚刚升为领导的时候，他有的只是过硬的生产技术和一颗赤子之心，对前景充满信心，但是对管理知识却一窍不通。在处理问题的时候，往往因缺少经验而使自己陷入僵局。因此班组成员对他非常不服气，甚至其他的领导和班组团队在背地里打赌徐组长能当多久的领导。

面对种种的压力，徐磊发挥自己乐观的精神，没有放弃自信心。他审时度势，对自己、对自己的班组做出分析研究，认清自己的不足，了解团队成员的特点。他开始在正常工作之余，大量地学习班组的管理知识；他甚至虚心地向自己有经验的下属请教。

在学习中，他的能力得到不断提升；一年以后，徐磊的班组获得了“优秀班组”称号，而自己也获得了“优秀领导”的荣誉，让大家全都刮目相看。更加可贵的是，之后每一年评优秀班组和领导，徐磊和他的团队都榜上有名。

从徐磊的故事我们可以看出，最开始他只是一个什么也不懂、让同事担心的领导。但是一年之后，他从众多领导中脱颖而出，成为一个让大家刮目相看的创新型领导。那么，是什么原因促使他成功了呢？答案非常简单，即：审时度势相信自己的能力，徐磊正是凭借他的这种精神，才不断实现了自我提升。那么，如何成为第二个徐磊？我们不妨从以下几方面下手：

1. 要认清自己。指的是领导要认清所处的位置，作为一个创新型领导要想以新思维领导班组获得更多的成绩，那么一方面要对公司有所了解，了解公司目前在行业中的地位，了解公司的未来发展形势；另一方面还要对自己领导的班组情况很熟悉，了解自己班组团队的优势劣势，为更好地发挥特长改正不足做好准备。

2. 要明确方向。对于一个公司来说获得利润是最重要的，对于领导自身来说从锻炼中获得提升是最值得期待的。

在某企业担任生产领导的郑华，年纪轻，头脑聪明，能力也强，把自己的团队带领得有声有色，是领导经常表扬的对象。只是，每次领导找郑华谈话，想了解他自己以后的发展时，郑华就不明确了。一会儿他说想重点提升自己的技术，觉得自己的动手能力很不错，打算往生产工程师方向发展；一会儿他又说自己对管理很有兴趣，想往这方面发展。总之，他每次的讲法都不一样。领导劝说一定要赶紧确定好了，不要一会儿想要西瓜一会儿想要香瓜的样子，郑华都是打岔糊弄过去，说自己还年轻，没有定性，可以再看看。

从郑华对待自己职业发展的策划来看，毕竟还是年纪太轻了，有些事情不成熟。对于职业发展的方向来说，一定要尽早确定，越早确定对自己的发展越好。还有一点需要注意，在明确自己的职业方向时，成熟的领导不局限于仅仅满足企业发展的需求，也不能只站在自己的角度看问题；而是要站在公司发展的立场上，同时谋求公司发展和个人成功，致力于达到双赢的局面。

3. 要珍惜机遇。毋庸置疑，机会是转瞬即逝的。优秀的创新型领导会把握好当前的机会，用好机遇改变自己的现状。

4. 要振奋精神。符合新时代要求的创新型领导对未来总是充满希望的，对自己有强大的信心。在职场中，创新型的领导一定要大力弘扬不分心、不旁顾、一门心思抓发展干实事的精神，大力弘扬不图虚名、不抢风头的求真务实精神，大力弘扬敢担风险、敢为人先的勇于负责精神，以及特别能吃苦、特别能奉献的进取图强精神，将“干实事，求真实，会负责，讲进取”十二字充分融入管理理念，落实到工作实处，带领班组创造新的辉煌。

5. 要善于谋划。创新型领导从来都是有勇有谋，善于突破传统观念，开拓新思路，想出新方法，敢于拼搏。既讲求从实际生产出发，又具有沉着冷静的性格，能紧紧抓住时机，趋利避害，乘势而上，保持班组和企业更快更好发展的强劲势头。

审时度势，相信“天生我材必有用”，领导们只要有昂扬的斗志、乐观的信念，就能谱写出班组未来更好更快发展的新篇章。

第二章

知人善任，长久不衰的执行力

企业最好的资产是人，企业的用人之道也在于知人善任、用人之长。选一个适合的人，比选一个优秀的人更为重要，了解和掌握员工的特点，并将其合理地安排到相应的岗位上工作，才能达到人尽其才。激发员工的工作与创新热情，发挥员工的工作特长，会使平凡的人创造出奇迹。给予足够的权利与价值的认可，并注重培养新人，为企业的后续发展积累资本。作为企业管理者或者企业领导，要有一个宽阔的胸怀，有容人纳贤的气魄和度量，善于容人之短，宽以荣才才能人才济济，企业才能基业长青。

对你的下属且慢下手

大多数的同仁都很兴奋，因为单位里调来了一位新主管，据说是个能人，专门被派来整顿业务。可是，日子一天天过去，新主管却毫无作为，每天彬彬有礼地进办公室后，便躲在里面难得出门。那些紧张得要死的坏员工，现在反而更猖獗了。他哪里是个能人，根本就是个老好人，比以前的主管更容易骗。

四个月过去了，新主管却发威了，坏分子一律开革，能者则获得提升。下手之快，断事之准，与四个月前表现保守的他，简直像换了一个人。年终聚餐时，新主管在酒后致辞：相信大家对我新上任后的表现和后来的大刀阔斧，一定感到不解。现在听我说个故事，各位就明白了。

我有位朋友，买了栋带着大院的房子，他一搬进去，就对院子全面整顿，杂草杂树一律清除，改种自己新买的花卉。某日，原先的房主回访，进门大吃一惊地问，那株名贵的牡丹哪里去了？我这位朋友才发现，他居然把牡丹当草给割了。

后来他又买了一栋房子，虽然院子更是杂乱，他却按兵不动，果然冬天以为是杂树的植物，春天里开了花；春天以为是野草的，夏天却是锦簇；半年都没有动静的小树，秋天居然红了叶。直到暮秋，他才认清哪些是无用的植物而大力铲除，并使所有珍贵的草木得以保存。

说到这儿，主管举起杯来，“让我敬在座的每一位！如果这个办公室是个花园，你们就是其间的珍木，珍木不可能一年到头开花结果，只有经过长期的观察才认得出啊。”

“路遥知马力，日久见人心”，一个员工的价值高低绝不能凭我们管理者一时的观察或是只看他表面的现象。要真正了解一个人，需要长时间的，持续的观察。只有通过了细致彻底的观察，才能正确评估出一个人的价值并给他合适的工作。

花匠总是勤于给花草施肥浇水，如果它们茁壮成长，就会有一个美丽的花园，如果它们不成材，则要把它们剪掉。

美国著名企业家李·艾柯卡说："一切企业经营归根结底就三个词：人才、产品和利润。人才为先，如果没有一支优秀的管理队伍，你对其后两者是不可能有所作为的。"通过对所有成功的企业和失败的企业进行观察，不难得出：所有成功的企业都可以归功于"知人善用"。所有经营失败的企业也都可以归结为"用人失策"。

菲利斯通和罗唐纳是在酒吧认识的。那天晚上，菲利斯通信步走进酒吧，他要了一杯威士忌一饮而尽。正当他打算离开时，忽听酒吧里传来一阵哄笑，没多一会儿，一个喝得烂醉的青年把褥子围在脖子上，摇遥晃晃地从里面走了出来。

菲利斯通感到很好奇，他问酒店的老板那人是干什么的。老板说他是做苦工的，每天的钱都这样挥霍掉。但菲利斯通认为那个人不是酒鬼，他只是有心事才借酒浇愁的。后来酒吧老板告诉菲利斯通都是发明害了那个青年人。

"发明？"菲利斯通一听顿时来了精神，他立刻断定那个青年非等闲之辈。

经过菲利斯通多方打听，他得知那个青年叫罗唐纳，是搞橡胶轮胎发明的，而且得过专利。罗唐纳曾带着自己的轮胎图纸拜访过橡胶巨子之一的史道夫，不料那次拜访给他带来了巨大的侮辱。

史道夫认为罗唐纳是个骗子，想用几张图纸骗钱。罗唐纳备感侮辱，几乎流出了眼泪。为了证明自己不是骗子，罗唐纳拿出了专利证书，不料，蛮横的史道夫不屑一顾，把证书揉搓几下就塞给了罗唐纳。此番遭遇给了罗唐纳沉重的打击，从此他便借酒浇愁，并且不许任何人提发明的事情。

知道这些后，菲利斯通决心亲自拜访罗唐纳。可谁想第一次菲利斯通就遭遇了白眼，罗唐纳毫不客气地拒绝了他，这更坚定了菲利斯通认为罗唐纳是人才的信心，他可不想轻易放过获得人才的机会。

于是他第二次登门拜访，可正巧罗唐纳不在。菲利斯通并没有打道回府，而是在门口等了整整一天。这让罗唐纳大为感动，他热情地把菲利斯通请进家门。后来他们交谈了许久，罗唐纳有感于菲利斯通的诚意和慧眼，决心帮助他。

后来菲利斯通按照罗唐纳的发明，制成了储气量很大而且极不易脱落的橡胶轮胎，这一产品打进市场，立刻成抢手货。罗唐纳的专利，成了菲利斯通事业的推动力，促使其公司迅速发展，最后成为美国最大的轮胎公司。

领导者在为企业发展挑选人才的时候，千万不要以貌取人，也不要以文凭为上。俗话说："海水不可斗量，人才不可貌相。"实践是检验一切的标准，只有让人才投入实际的工作中去，经过反复的对比考证，才能识别他到底有几斤几两。

只有经过实战，并通过验证的人才才是真正的人才，只有这样的人才可以为企业所用。如果忽视了这些，企业引进的是"所谓的人才"，将真正的人才漏掉了不说，还是一件得不偿失的蠢事，势必给企业的发展带来影响。

胜在执行

有人说"只有一流的人才才会造就一流的企业"，未来企业的竞争首先是人才的竞争。企业选人、用人不以貌取人，唯文凭用人。懂得如何选拔人才的企业家才能为企业创造更大潜力。

人才要放到合适的地方

在动物园里的小骆驼问妈妈："妈妈妈妈，为什么我们的睫毛那么的长？"骆驼妈妈说："当风沙来的时候，长长的睫毛可以让我们在风暴中都能看得到方向。"小骆驼又问："妈妈妈妈，为什么我们的背那么驼，丑死了！"骆驼妈妈说："这个叫驼峰，可以帮我们储存大量的水和养分，让我们能在沙漠里耐受十几天的无水无食条件。"小骆驼又问："妈妈妈妈，为什么我们的脚掌那么厚？"骆驼妈妈说："那可以让我们重重的身子不至于陷在软软的沙子里，便于长途跋涉啊。"小骆驼高兴坏了，"哗，原来我们这么有用啊！！可是妈妈，为什么我们还在动物园里，不去沙漠远足呢？"

无可质疑，每个人的潜能都是无限的，问题的关键在于找到一个能充分发挥潜能的舞台。好的管理者就是能为每一个员工提供这个合适的舞台的人，我们需要细心观察，找到每一个员工的特长，并尽可能地为他们提供适合他们发展的舞台。

一个好领导不一定是业务能力最强的人，但他一定是个懂得惜才、用才的人。

在一次工商界的聚会上，几个老板大谈自己的经营心得. 其中一个说："我有三个不成材的员工，我准备找机会将他们炒掉算了。"另一个老板问道："他们为何不成材？""一个整天嫌这嫌那，专门吹毛求疵；一个杞人忧天，老是害怕工厂有事；另一个整天在外面闲荡鬼混。"

第二个老板听后想了想说："既然这样，你就把这三个人让给我吧。"三个人第二天到新公司报到。新老板开始分配工作：喜欢吹毛求疵的人，负责质量管理；害怕出事的，负责安全保卫及保安系统的管理；整天在外闲逛的，负责产品宣传及推销。

三个人大为兴奋，高高兴兴地走马上任了。过了一段时间，两个老板碰到一起，第一个老板问第二个老板那三个人怎么样，第二个老板说："他们都是出类拔萃的，由于他们的到来，工厂的盈利直线上升。"

西方一位哲人说："宝贝放错了地方，就成了废物；而如果宝贝放对了地方，没有好好地利用，同样也会成为废物。"

现代企业的领导者要知道建立高效团队的有效法则。每个人都有自己的长处和短处，长处也好，短处也罢，关键在于怎样利用。"尺有所短，寸有所长"，只要利用得当，短处可变为长处，而长处的效率会更高。

用人时，领导者要善于取此之长补彼之短，让他们互为补充，扬长避短，最终精诚合作，发挥每个人最大的潜能。

《日经商务》曾对本田宗一郎进行专访，提出"为什么本田能够取得成功"这个问题，本田宗一郎是这样回答的：

"用一句话来讲，是因为我们没走弯路，而是一帆风顺地走过来的。我这个人根本考虑不了其他事情，即使有其他可赚钱的买卖也干不了，也没有去做的勇气。另一点，我是搞技术的人，对财务上的事一窍不通，我将财务交给藤泽来管理。能与藤泽合作是我最幸运的事，本田公司也因此才发展到今天的规模。"

人们用"技术之本田、经营之藤泽、汽车上的两个轮子、理想的分管经营"等来形容本田与藤泽的关系。索尼公司的井深大说："藤泽是一位使本田百分之百发挥才能的精明经营者，本田是一位百分之百信任藤泽才华的天才技师。"

本田勇于解决技术问题，但对理财不甚知晓；藤泽不懂技术，但能够筹集资金，推销产品。两人相互合作正是为了取长补短，形成了完美的组合。如果两人不合作，恐怕本田公司也不会有如今的成就。因为本田是商品的研制者，推销能力再强，没有商品作为实体便毫无意义。

另外，不管本田研制的摩托车多先进，如果没有推销到市场上，那只不过是个人的爱好罢了。若要当成商品大量生产，那时藤泽就有用武之地了。本田和藤泽这种互敬互重、取长补短、团结合作的做法成为组合经营的成功典范。

当主管发现团队里有特别优秀的人后，就应该给予合理的任用，让他真正地发挥作用。伟大的管理者们，都有一个共同之处，那就是他们知道获得和留住好手是管理者的主要任务。是金子就让他发光，是人才就让他发挥作用，这是一条起码的用人准则。

1903 年 6 月一个叫亨利・福特的年轻人创建了福特汽车公司，他设计的“A 型车”销售极佳，在一年以内销售了一千多辆。再后来，亨利又设计了 N 型车、R 型车，S 型车，都十分畅销。

1908 年，具有现代意义的 T 型车诞生了，这种类型的车一共销售出了 1545878 辆，为普及小轿车做出了贡献。到了 1925 年，福特公司的工厂里每一天都能够制造出 9109 辆车，平均每十秒钟都出一辆，创造了世界汽车史上的奇迹。

之所以能够取得这样的成就，一个原因在于亨利・福特决定聘用管理专家沃尔・弗兰德斯进厂，协助进行生产方式改革。在他的努力之下，福特公司实现了一年生产 1 万辆车的指标，福特公司因此而茁壮地成长起来。

与此同时，亨利在 1913 年还决定任用技术员艾夫利和威廉・克朗，将他们在发动机、主轴、磁电机组装三条线上使用的“运动组装法”推广到总装配线上，获得了巨大成功。

从此，大批量的流水线生产开始了。于是，一时间亨利·福特成为了美国人心中的“民族英雄”。而福特坚持认为，这一切的成功，来自于自己的成功用人，来自于企业内部人才的奉献。

福特成功的诀窍就在于能够用好人才，让下属的才能真正能发挥出来。要将属下的才能激发出来，就应该给属下合适的岗位，给属下一个表现自我的舞台，给属下一个展示自我的空间。

有的人说，是金子，总会发光的。但是，在这个世界上还有很多的金子没有被人发现，就是因为缺少一双锐利的眼睛，而长期被埋没起来，得不到发光的机会。

胜在执行

一个对其他企业相当有用的人才面对自己来说不一定有用，而把一个看似无用的人摆正地方，也许就能为你创造出你意想不到的收益。聪明的领导应该学会发现人才的有优点，使得人尽其才。

允许你的员工犯错

中国有句古语："有容乃大，无欲则刚。""宰相肚里能撑船。"有多大的胸怀就能办多大的事。因此每个领导者要胸怀宽广，立足公司，放眼未来。卓越的领导者，要学会宽容。宽容不会失去什么，相反会真正得到，得到的不只是一个人，更是会得到人的心。

宋太宗，在这方面表现得就很突出。《宋史》记载：有一天，宋太宗在北陪园与两个重臣一起喝酒，边喝边聊，两臣喝醉了，竟在皇帝面前相互比起功劳来，他们越比越来劲儿，干脆斗起嘴来，完全忘了在皇帝面前应有的君臣礼节。

侍卫在旁看着实在不像话，便奏请宋太宗，要将这两人抓起来送吏部治罪。宋太宗没有同意只是草草撤了酒宴，派人分别把他俩送回了家。第二天上午他俩都从沉醉中醒来，想起昨天的事，惶恐万分，连忙进宫请罪。宋太宗看着他们战战兢兢的样子，便轻描淡写地说："昨天我也喝醉了，记不起这件事了。"

宽容是一个老板的美德。现代的领导，都难免遇到下属冲撞自己、对自己不尊的时候，学学宋太宗，既不处罚，也不表态，装装糊涂，行行宽容。

这样做，既体现了领导的仁厚，更展现了领导的睿智，不失领导的尊严，而又保全了下属的面子。以后，上下相处也不会尴尬，你的部署更会为你倾犬马之劳。

鲍伯是美国室内装潢工厂的大老板，在与下属相处中，他奉行"原谅员工的错误"的原则。

一次，生产线上有一个叫卡特的工人喝得酩酊大醉后来上班，吐得到处都是。厂里因此发生了骚动：一个工人跑过去拿走了他的酒瓶，领班接着把他拉到车间门外。

鲍伯看到卡特昏昏沉沉地靠在墙上，赶紧把他扶进自己的汽车，送他回了家。

卡特的妻子吓坏了，鲍伯再三向她保证什么事都没有。

“不！卡特不知道，”卡特的妻子失望地说，“老板不允许工人在工作时喝醉酒，这次卡特要失业了，你说我们如何是好？”

“卡特不会失业的。”鲍伯说。

“你怎么知道？”卡特的妻子反问道。

“因为我就是卡特的老板。”鲍伯告诉她，自己会在工作中尽全力辅助卡特，希望她在家尽力照顾卡特，以便他在第二天早上能照常上班。

回到厂里，鲍伯就对卡特那一组的工人说：“今天在这里发生的不愉快，你们要统统忘掉。卡特明天回来，请你们好好对待他。长期以来，他一直是个好工人。我们最好再给他一次机会。”

卡特第二天果真来上班了，他酗酒的坏毛病从此再也没有犯过。

企业的竞争就是人才的竞争，人才是企业的根本，是企业最宝贵的资源。但仅仅获得人才是不够的，人心的安定与否直接影响着企业经营的成败。企业除了懂得选人用人之外，还应懂得安定人心。

安定人心的方法举不胜举，其中重要的一条就是如何正确地对待员工所犯的错误、宽容员工。对待错误，企业应该具体分析，不可动辄责备，该宽容的要宽容。

要做到这一点，企业的领导者应该有宽宏大量的胸怀，不能有狭隘的心胸。如果一个领导者具备这一优势，又能善加利用的话，那他的下属就会为他拼死效力了。

索尼公司以允许员工犯错误来安定人心，使他们人尽其才，安心工作。索尼公司的观点是，只要能知错即改，引以为诫，那就还有可取之处。

盛田昭夫曾说："放手去做好认为对的事，即使你犯了错误，也可以从中得到经验教训，不再犯同样的错误。"

索尼公司的领导有一颗宽容之心。这样员工不会因一时之错而担惊害怕，敢于放心大胆地去探索，尽力发挥自己的聪明才智。

盛田昭夫说，在索尼公司，并不把责罚犯了错误的员工摆在首要位置，关键是要找出犯错误的原因。日本东京一位美日合资公司的总裁，总对盛田昭夫抱怨说，公司有时会出差错，但却找不出该由谁负责，真不知为什么。

盛田昭夫说，找不出最好，如果真找出是哪位员工，可能会影响其他员工。即使你找出了犯错误的人，你也难以处理：这个人也许在公司干了一段时间，即使你把他开除也无济于事，你还得找一位熟练的员工接替他。

如果他是一位新来的员工，那么犯错误就更不足为奇。就像对待小孩犯错误，你和他一起找出犯错误的原因，这并非损失，而是获得了教训。

盛田昭夫的宽容和明智感动了那位总裁。的确如此，一位领导者不能为了追究一个错误，又犯了另一个错误，这岂不是犯了两个错误。

罗斯·佩罗说："在我们公司，诚实的错误不会受到惩罚。它们就像孩子们擦破了皮的膝盖，它们确实会带来一些疼痛，但它们只伤及表面，是会很快愈合的。"索尼公司做到了这一点。

当然对于一个企业来说，领导者的心胸宽广能容纳百川。但宽容并不等于是做"好好先生"，不得罪人，而是设身处地地替下属着想，这样的老板不是父母官，也称得上是一个修养颇高的领导者。

胜在执行

宽容不仅是高尚者所具备的修养，更是一种处世的原则。世界上最宽阔的是海洋，比海洋更宽阔的是天空，比天空还宽阔的是人的胸怀。宽容别人就是在宽容我们自己，我们在宽容别人的同时，也为自己营造了和谐的氛围，为心灵留下一点舒缓的空间，这便是宽容定律！

内部跳槽也是人才的整合

有一天晚上，索尼董事长盛田昭夫按照惯例走进职工餐厅与职工一起就餐、聊天。他多年来一直保持着这个习惯，以培养员工的合作意识和与他们的良好关系。

这天，盛田昭夫忽然发现一位年轻职工郁郁寡欢，满腹心事，闷头吃饭，谁也不理。于是，盛田昭夫就主动坐在这名员工对面，与他攀谈。几经询问之后，这个员工终于开口了："我毕业于东京大学，有一份待遇十分优厚的工作。进入索尼之前，对索尼公司崇拜得发狂。当时，我认为我进入索尼，是我一生的最佳选择。

"但是，现在才发现，我不是在为索尼工作，而是为课长干活。坦率地说，我这位科长是个无能之辈，更可悲的是，我所有的行动与建议都得科长批准。我自己的一些小发明与改进，科长不仅不支持、不解释，还挖苦我癞蛤蟆想吃天鹅肉，有野心。

"对我来说，这名课长就是索尼。我十分泄气，心灰意冷。这就是索尼？这就是我的索尼？我居然要放弃了那份优厚的工作来到这种地方！"

这番话令盛田昭夫十分震惊，他想，类似的问题在公司内部员工中恐怕不少，管理者应该关心他们的苦恼，了解他们的处境，不能堵塞他们的上进之路，于是产生了改革人事管理制度的想法。

之后，索尼公司开始每周出版一次内部小报，刊登公司各部门的"求人广告"，员工可以自由而秘密地前去应聘，他们的上司无权阻止。另外，索尼原则上每隔两年就让员工调换一次工作，特别是对于那些精力旺盛，干劲儿十足的人才，不是让他们被动地等待工作，而是主动地给他们施展才能的机会。在索尼公司实行内部招聘制度以后，有能力的人才大多能找到自己较中意的岗位，而且人力资源部门可以发现那些“流出”人才的上司所存在的问题。

这种“内部跳槽”式的人才流动是要给人才创造一种可持续发展的机遇。在一个单位或部门内部，如果一个普通职员对自己正在从事的工作并不满意，认为本单位或本部门的另一项工作更加适合自己，想要改变一下却并不容易。许多人只有在干得非常出色，以致感动得上司认为有必要给他换个岗位时才能如愿，而这样的事普通人一辈子也难碰上几次。当职员们对自己的愿望常常感到失望时，他们的工作积极性便会受到明显的抑制，这对用人单位和职员本身都是一大损失。

一个单位，如果真的要用人所长，就不要担心职员们对岗位挑三挑四。只要他们能干好，尽管让他们去争。争的人越多，相信也干得越好。对那些没有本事抢到自认为合适的岗位，又干不好的剩余员工，不妨让他待岗或下岗，或者干脆考虑解聘。

索尼公司的内部跳槽制度就是这样，有能力的职员大都能找到自己比较满意的岗位，那些没有能力参与各种招聘的员工才会成为人事部门关注的对象，而且人事部门还可以从中发现一些部下频频“外流”的上司们所存在的问题，以便及时采取对策进行补救。这样，公司内部各层次人员的积极性都被调动起来。

当每个干部职工都朝着“把自己最想干的工作干好，把本部门最想用的人才用好”的目标努力时，企业人事管理的效益也就发挥到了极致。内部候选人已经认同了本组织的一切，包括组织的目标、文化、缺陷，比外部候选人更不易辞职。

同样，在海尔集团的总裁张瑞敏看来，企业不缺人才，人人都是人才，到处都是人才，关键是能不能将每一个人所具备的最优秀的品质和潜能充分发挥出来。为了把每个人最优秀的品质和潜能充分发挥出来，海尔“变相马为赛马”，并且在全体员工高度认同的情况下，不断实践、提高。

中国传统的管理思想中，有句话叫“千里马常有，而伯乐不常有”，意思是说相马，或者是鉴别人才的重要性。但张瑞敏根据他自己的管理思想，提出了“赛马不相马”的管理思想。海尔的人才观是“人人是人才，赛马不相马”，在此基础上海尔确立了“动态赛马的用人机制”。张瑞敏说：“‘相马’把命运交给别人，而‘赛马’则是把命运掌握在自己手中。”

张瑞敏说：“你能翻多大的跟头，我就给你搭多大的舞台。”这无疑给每个员工提供了一个任其发展的广阔空间。他主张在竞争中选人才，在竞争中用人才，将人才推到属于他的岗位上去，去发挥他们最大的潜力。这无疑是一种有利于每一个人充分发挥自己特长的机制，使每一个人都能在企业里找到适合自己的价值和位置。

张瑞敏的这种政策极大地增强了员工的热情，每位员工都尽自己最大的能力为企业效力。无疑，海尔的这种政策是企业成功用人的典范。

其实，一个企业并不是缺乏人才，关键是缺少一双善于发现的眼睛。企业领导要善于观察，善于采取各种手段让内部的人才显现出来，然后为我所用。企业领导要做到是人才就大胆启用，千万不可埋没他们。而且还要有海纳百川的胸襟，对下属的各种意见都积极听取，然后再做决断。

胜在执行

企业领导者的主要任务是建立一个可以发现人才的机制，并维持这个机制健康持久的运行。给每个人相同的竞争机会，充分挖掘每个人的潜质，压力与动力并存，方能适应市场的需要。

领导要慧眼识英才

左右企业命运的不是企业家本人，而是企业是否有足够的人才。雄厚的人才储备是企业持续发展的关键，人才能给企业带来源源不断的生命力. 只要人才不失，再大的困难都能扛过去。

乔布斯一直认为网罗人才才是企业成功的关键。在企业内部，总是有较为重要的职位和业务领域，这些职位和领域中，只有任用最为出色的人，才能确保企业各项事业顺利。如果内部有足以胜任的人才最好，如果没有，则应该从外部进行聘用。哪怕要承担高昂的薪酬，企业也绝不能因为补缺或应付而在关键职位上放置平庸的人才。

没有任何决策所造成的影响和后果，比人事决策更有影响。人事决策必须进行仔细的考虑、认真的讨论，并集中组织中各种人的经验。人事决策之所以如此慎重，其根本原因就在于人事决策决定着企业的竞争力。企业的竞争就是人才的竞争。如何吸纳最优秀的人才，已经成为企业发展的关键因素。找到最优秀的人才，是管理者的主要任务之一。

美国纽约的第七街，是美国时装工业的中心。在美国近5000家大服装公司的激烈竞争中，约南露珍服装公司居于首位，董事长戴维·斯瓦兹由此而得“时装大王”的美誉。斯瓦兹的成功与他独具的择人眼光分不开。

斯瓦兹15岁时起在一家服装公司做工，19岁时，用自己积蓄的3000美元与人合伙办了一家小服装厂。但服装厂的生意并不见起色。斯瓦兹深深感到亦步亦趋地跟在别人后面，将永无出头之日，要想成功就要闯出自己的牌子，要创新、要标新立异，因此，他急切地想寻找一名出色的设计师助自己一臂之力。

一天，他到一家零售店推销成衣。三十来岁的店老板看了一眼他的衣服说：“我敢打赌，你的公司没有设计师。”这一下子触动了他的心病。老板从店内请出一位身穿蓝色新装的少妇，并说：“她这件衣服比你们的怎么样？”

“好看多了！”斯瓦兹不禁脱口赞道。

“这是我特地为我太太设计的。”老板骄傲地说，并且不屑地撇了撇嘴角，“别看我开这么个小店，也没把你们这些大老板放在眼里，你们有几个懂得设计？连点美的细胞都没有！”

对这种接近侮辱的话，斯瓦兹却毫不在意，仍然笑容可掬地问：“你为何不找一家大公司一展所长呢？”

没想到那老板发泄开了：“我就是饿死，也不再去给别人当伙计了！我曾给三家公司做过设计师，明明是他们不懂，偏偏说我固执。我伤心透了。他们懂个屁！”

斯瓦兹觉得这样倔强自信、高傲暴躁的人，往往是才能很高的人，决心争取他做公司的设计师，但被他断然拒绝了。

斯瓦兹找到了一贯支持和帮助他的原先的老板斯特拉登，了解那位名叫杜敏夫的服装零售店老板。

“你的眼光不错，他的确是怀才不遇。”老板说，“要是我年轻10岁，这个人就轮不到你了！”

“你是怕困不住他？难道历史悠久的公司反而无法使用优秀的青年人？”

“要知道，一个经理人才，因他本身有实权，只要他真有一套，别人根本排挤不了他；而设计人员就不同了，全看他们的才能是否被主管欣赏，看主管是否有魄力。杜敏夫这个人脾气很坏，不好相处。”

“只要他真有本事，脾气我倒不在乎。”

“他指着你的鼻子骂大街，你也不在乎吗？”

“只要他不是无理取闹。”

斯特拉登频频点头说：“只要你有这种精神，将来的前途不可限量。杜敏夫是个人才，只要你会用他，也许会有惊人的表现。”

这番话促使斯瓦兹以“三顾茅庐”的精神几次三番地登门拜访，诚心相待。杜敏夫终于被感动了，他答应出任斯瓦兹的设计师。

在他的建议下，斯瓦兹首先采用了人造丝做衣料，一步领先，在美国时装业占尽风光。约南露珍服装公司的业务扶摇直上，在不到十年的时间内，就成为令同行侧目的大公司.

斯瓦兹成功的案例充分说明了人才对于公司发展的决定性作用。斯瓦兹的做法这也提醒了企业管理者，一旦发现了这样的优秀人才，就要“咬定青山不放松”，要有礼贤下士的精神，为己所用，为企业的兴旺发达不断地注入新鲜活力与生机。

人才是公司最大的财产。孙子说：“夫将者，国之辅也。”意思是说：“将帅是国家的左膀右臂。”将帅左右着国家的命运，是国家最宝贵的资源。

一个国家尚且如此，企业更是如此。如果不注重人才的发掘与培养，就有可能使企业陷入无人可用的尴尬境地。古今中外，治国也好，治企也好，得人心者得天下，失人心者失天下，这是一个谁也否认不了的真理。

刘邦打败了项羽，统一了天下，建立了大汉江山，非常高兴。一天，他大宴群臣，在宴会上，他乘着酒兴，问群臣：“你们知道我为什么能够夺取天下，而项羽那么多军队却失去了天下吗？”

众大臣七嘴八舌，有的说：“您治军严厉，甚至苛刻；项羽太讲仁义了。”有的说：“您最大的特点，是有功者赏，有罪者罚；而项羽疾贤妒能，有功者害之，贤能者疑之。这就是您得天下而项羽失天下的原因。”

刘邦笑了，说：“你们只知其一，不知其二。我之所以能夺取天下，主要是因为我善于识人用人。要说运筹帷幄之中，决胜千里之外，我不如张良；管理国家，安抚百姓，做好军队的后勤保障工作，我不如萧何；统帅百万之众，战必胜，攻必取，我不如韩信。这三个人是人中之杰，我能大胆地使用他们。而项羽有一个范增却不能用，这就是我能夺取天下，而项羽失去天下的原因啊。”

作为领导者，不一定要有很深的专业知识，但要懂得领导知识，特别是识人用人知识，识人用人知识越精通越好。刘邦是个不爱看书不会武艺的市井之人，但他精通识人用人之术，最后夺取了天下。项羽出身于官宦之家，知书达礼，武艺高强，但他不会识人用人，最后只好演出了一场《霸王别姬》了事。

胜在执行

如果修长城，人才就是基石；如果建大厦，人才就是栋梁；如果搞企业，人才就是成功的保证。如果想把企业做大，那就必须重视人才。

要惟才是用不拘一格

汉武大帝刘彻开言路、纳贤士、削诸侯、强军队、攘匈奴、拓疆土，造就了一代帝王的丰功伟绩。

在漫长的人类历史长河中，凡是有作为的皇帝，基本上都能做到知人善任、唯才是举，武帝即位后，首先做的就是不拘一格广招人才，并于长安首设太学，于是他的麾下集聚了济济英才。

两位彪炳史册的将军，一个是卫青，一个是霍去病。两人在击讨匈奴中战绩显赫，卫青带领汉军多次取得对匈奴做战的巨大胜利并最终消灭了匈奴主力，他的出身只是一个骑奴（为汉武帝的姐姐驾车）。然而汉武帝慧眼识人才，看中了他的武艺、胆识和忠心，让他追随身边，最终造就一代名将，而霍去病成为将军才二十岁，虽然他年龄不大，但具备大将之才，就果断启用，不受祖制制约。

在冷兵器时代，战马、弓箭、利刀都是战争取得胜利的重要条件，但是人才同样是战争能否取胜的关键因素，以至于刘彻讲自己敢如此对匈奴开战，是因为有卫青。在等级森严的封建社会，奴隶的社会地位极低，想进入上层社会简直就是奢望。而刘彻却不管卫青的社会地位，唯才是举，大胆重用卫青。这不得不令人佩服。

汉武帝具有着明确的人才规划，他在重用卫青时就着手锻炼霍去病，“不将鸡蛋放在同一个篮子里”，不断更新和提高人才的战略思维和整体素质。

同时，汉武帝还注重引进外部人才，正是原匈奴小王赵信给汉朝骑军带来了先进的战术。正是俘获的大单于的弟弟，引进匈奴种马来改良马匹，颁布法令鼓励养马，不得伤害战马。而且在此基础上进行了创新，用粟米喂马，将宫廷的御马养得膘肥马壮，从而完全扭转了汉朝在战马上的劣势。另有地方官吏出身的汲黯和韩安国、出身贫寒甚至砍柴为生的朱买臣和主父偃……都能一一破格提拔，足见刘彻“不拘一格降人才”的人才观。难怪《汉书》中称，“汉之得人，于兹为盛”。

在两千多年后的今天，事实印证了汉武帝的英明果断。而如今最时髦的一句话——21世纪什么最贵？人才！——也是武帝功勋的又一注脚。识人选人用人裁人是所有公司的第一要旨。

人才问题愈来愈迫切地摆在人们面前。“谁拥有人才，谁就拥有一切。”这已成为不少企业的共识。在这种思想指导下，推行“唯才是举”的观念，千方百计广揽人才已成为时尚。这反映了人们认识上的飞跃，也反映了社会的进步。

日本三菱公司在人事制度上有自己的严格规范，但却并不总是循规蹈矩，在很多情况下它能够不拘一格提拔人才，这种做法对三菱事业的发展起到了不可忽视的作用。

涉泽荣一曾经是三菱的冤家对头。从岩崎弥太郎建立三菱到1888后他离开了人世，终其一生，他都在与一位对手做不屈不挠的斗争，那个人就是涉泽荣一。他们是商场上你死我活的对手，两人经营的公司之间曾进行过无数次不间断的大小较量。可是到了岩崎弥太郎的弟弟岩崎弥之助时代，三菱聘请昔日对手涉泽荣一为日本邮船公司董事。岩崎留下的事业不得不要涉泽来辅佐。

三菱在用人上不因循守旧，而是不拘一格，任人唯贤，这使得它能够拥有人才并且能发挥人才的巨大效用，为事业的成功提供了强大的推动力。

人才，确是关乎公司事业发展、企业增盈的一个重要问题。有了适用的人才，事业就发展迅速，企业就能持续赢利。反之，缺少或没有人才，事业就上不去，企业就会濒临倒闭或破产。在现实生活中，正反两方面的例子不胜枚举。实践一次又一次告诉人们，要发展，要创新，必须要选好人才，用好人才。

领导者要想让企业成功。应该具备“不拘一格降人才”的魄力，不管人才的出生、地位、性别如何，都应该大胆地启用。只有做到求贤若渴，领导者才能为企业建立一个富有战斗精神和战斗能力的组织，这个组织正是企业成功的关键所在。

西武集团(日本著名企业)总裁堤义明先生，年仅29岁就继承父业，他凭借一套独特的经营哲学最终成为世界巨富。正是堤义明，使西武集团从一个中型企业，发展成为今日控制日本的饭店、铁道、百货等服务行业的庞大企业集团。

在堤义明的表率下，西武集团的管理高层经常参加扫地和捡垃圾这一类的活动。理由很简单，在西武集团属下的各种大小的公司里，不分职位高低，一律视堤义明为一个负责任、可以终生追随的领袖，这就是他的用人哲学。

目前，西武集团里数以百计的董事级领导者，都是堤义明从普通职员里面选拔上来的。堤义明认为，他并不希望什么天才人物，一个天才是不会尽职尽责的。他需要的是有责任感的老实人，他们会在自己的工作岗位上得到满足。这样的人，他认为才是企业最重要的人。堤义明并不看重学历，他认为学历并不意味着能力，一个人的工作能力和他的学历没有什么直接关系。

堤义明认为人才的使用，可以没有高学历，但绝对不能没有上进心和经得起痛苦考验的忍耐力。对于大学毕业生或具有更高学历的人，堤义明希望他们不要凭自己的学历来炫耀他们的与众不同，对于这些人，他一样要求他们从最低层做起。所有进入西武集团的工作人员，都平等享受以实际能力争取上升的机会。西武集团排斥一切学历、人情、金钱或其他非正当关系，因为这些关系可能使一个庸才获取晋升机会，也可能阻拦一个有能力的人晋升到更高的职位。

堤义明把自己作为公司的大家长，他希望手下的人对他忠心耿耿，他的这种想法源自对荀子哲学的学习和领悟。荀子主张，一个好的领袖不能只是有学问，还要具备良好的品德。要达到这种境界，就要求不断地加强自身修养。好的学问加上优秀的品德，才具备当领袖的条件。堤义明要求员工要有严肃的家庭道德观念，他自己也是为人师表，率先垂范，在家庭中，他完全是个好丈夫和好父亲。

对那些所谓的聪明人，堤义明对他们并不抱有什么好感，只要谁对工作全力地投入，他就关注谁，哪怕是一个普通员工。只要他表现出色，堤义明就格外看重他，会把好的发展机会优先给他。

西武集团的全体员工被堤义明的用人哲学紧密地团结在一起，所以他们具有强大的凝聚力、战斗力和向心力。这也正是西武集团成功的关键之一。

随着科学技术的不断创新，经济领域的不断拓展，人才的竞争将会更加激烈和重要。公司要适才而用、不拘一格地任用有才干的员工，使员工充分发挥自己的才能，为公司的兴旺繁荣而努力工作，员工自己的一技之长也能得到社会的认可肯定和与自己劳动相对的经济价值。

胜在执行

用人历来是领导者面临的最大的问题，人用得正确，就会使从善者如流而来，事业就必然兴旺发达；反之，贤才会远离而去，必然导致企业逐渐腐败衰落。用人不拘一格不唯才不唯亲，这是一个企业事业兴旺与衰落的重要分水岭。

要注重培养新人

有两个和尚分别住在相邻的两座山上的庙里。两山之间有一条溪，两个和尚每天都会在同一时间下山去溪边挑水。久而久之，他们便成为好朋友了。

弹指一挥间，不知不觉，时间在每天挑水中，一晃就是五个春秋。

忽然有一天，左边这座山的和尚没有下山挑水，右边那座山的和尚心想："他大概睡过头了。"便不以为意。哪知第二天，左边这座山的和尚，还是没有下山挑水，第三天也一样，过了一个星期，还是一样。直到过了一个月，右边那座山的和尚，终于按耐不住了。他心想："我的朋友可能生病了，我要过去探望他，看看能帮上什么忙。"于是他便爬上了左边这座山去探望他的老朋友。

等他到达左边这座山的庙看到他的老友之后，大吃一惊。因为他的老友正在庙前打太极拳，一点也不像一个月没喝水的人。他好奇地问："你已经一个月没有下山挑水了，难道你可以不用喝水吗？"左边这座山的和尚说："来来来，我带你去看看。"

于是，他带着右边那座山的和尚走到庙的后院，指着一口井说："这五年来，我每天做完功课后，都会抽空挖这口井。虽然我们现在年轻力壮，尚能自己挑水喝，倘若有一天我们都年迈走不动时，我们还能指望别人给我们挑水喝吗？

"所以，即使我有时很忙，但也没有间断过我的挖井计划，能挖多少算多少。如今，终于让我挖出了水，我就不必再下山挑水，我可以有更多的时间，来练习我喜欢的太极拳了。"

我们在工作领域上，工作挣薪水就像是挑水，而我们常常会忘记把握下班后的时间，挖一口属于自己的井，培养自己另一方面的实力，给自己多铺一条路。这样在未来当我们年纪大了，即使体力拼不过年轻人时，我们依然还会有水喝，而且还能喝得很悠闲，且源源不断。

企业在经营时，是否也要为自己“挖一口井”呢？培养新人，给未来投资，这何尝不是企业的长远之“井”呀！

多种一块田，就是为自己多留一条路，在团队里面，新人是注入的新鲜血液，是新生力量，也是革新的力量，更是一支队伍承前启后、薪火相传的客观需求。

有这样一个故事，讲的是很久以前，有两个国王，他们的国家总是对峙，乃至发生战争，他们都想把对方吃掉，取胜的基本条件是有强壮的士兵和日行千里的良驹。但是千军易得，一马难求。于是两个国家都张贴告示，寻求千里马，并重赏献千里马的人。

有一个人牵着一匹马到一个国家进献，跟那个国王说，我这匹马是五百里马，但是他有成为千里马的素质和条件，只要多加以调教，肯定能成为千里马的。这个国王大怒，我要的是千里马，不是五百里马，然后把这个人赶了出去，并一顿棍棒。

这个人又领着这匹马到了另外一个国家，说了同样的话，那个国王非常高兴地款待了他，并且向他询问如何培养马的要领。把他留下来辅佐自己。结果，拥有五百里马的这个国家经过几年的养精蓄锐，培养和发现了好多千里马、八百里马还有五百里马。很快就把另外一个国家消灭了。

从这个故事联想到企业在可持续发展中遇到的问题，就是关于后续人才梯队培养的问题。企业重金挖一些其他公司的优秀的人才，但是或者很难挖来很优秀的人才或者有的人被挖来后却发现橘生淮南是橘子、生淮北就是枳子。

“水土不服”，形成了人才能否挖得来、用得上、留得住的新问题。

这样看来，企业除了引进人才外还要有自己的人才培养体系。

IT 行业的四通要远比联想出名得早，但是现在联想的规模还有业绩是四通所不能比的，为什么会有这样的结局。除了决策和对大行业趋势的把握之外，两个企业最大的不同就是人才培养观念以及用人机制的不同。

当时联想的柳传志，为了培养现在神州数码的郭为，让他在企业内部的所有部门都当过一年的老总；对于杨元庆，那更是尽心竭力地提携和帮助。

早在 20 世纪 90 年代初，从联想当时的情况看，人员的年龄结构存在着一个很大的弊端，最初创业的一代当时约占总人数的 40%，平均年龄在 46 岁以上，年龄最小的也有 40 岁以上。算是公司人才结构老化现象了。

这种情况可能会导致两种后果：一是五年之后，也就是当老一代联想人需要退居二线的时候，联想可能会后继乏人；二是五年之后，五十多岁的老一代联想人虽没有退居二线，但计算机界的竞争日新月异，从观念上、从市场竞争上，联想可能会掉队。

公司意识到了这一点后，便开始不断地把年轻人推到前面。在联想，几乎每年都会有数十名年轻人得到提拔。今天，联想集团许多部门的主任经理都由年轻人担任。所以说，把企业做大做强，人才的不断发掘和培养是很重要的事情。特别是具有竞争优势的新人。

胜在执行

璞玉的雕琢对于巧妙的工匠而言最重要的是把璞玉的价值发现出来，公司同样要有慧眼识人的伯乐，把越来越多的员工培养成一专多能的人才。

忠言逆耳利于行

有位将军，领兵作战二十余年从未有过败绩，他熟读《孙子兵法》，并且对历代阵法也颇有研究，打起仗来更是英勇无敌，的确是一个不可多得的勇将，他的赫赫战功令敌军一听到他的名字便被吓得闻风丧胆。所以，他很受皇帝的器重，成为了“一人之下，万人之上”的重要人物。

这位将军手下有个谋士，此人足智多谋，从将军带兵打仗时，便跟随他左右，为他出谋划策。每当将军遇到难以解决的问题时，这位谋士总能想出相应的锦囊妙计来，为他分忧解难。所以，从某种意义上说，将军的不败记录在很大程度上是这位谋士为他保持的。

将军和这位谋士亲如兄弟，不分彼此，将军手下的士兵也深知这位谋士的本领，所以对他也是恭敬有加，不敢怠慢。

有一天，将军正和谋士饮酒畅谈，忽然接到圣旨，说邻国敌军带兵来犯边境，命令将军立刻带兵迎敌。

将军接旨后不敢怠慢，立即点齐兵马准备出发，他对谋士说：“依我看，这些乌合之众由我来对付他们就可以了，先生跟我征战多年，也该好好休息一下，这次就不要去了。”

谋士闻听此言，对将军说：“将军此言差矣，我的职责就是随军出征，为您出谋划策，怎能临阵畏缩呢？再说，将军您待我不薄，这是我报答您的好机会啊，我可并非是畏刀避剑之人，这次出征我一定要去。”没有办法，将军只好带着谋士一同出发。

两军对垒，将军连胜数阵，把来犯的敌军打得落花流水。皇帝闻知这个消息后，特意派人送来千两黄金以示嘉奖。将军高兴得嘴都合不拢了，挽着谋士的胳膊说："贤弟，你看愚兄没有看错吧，这些人没有什么大能耐，过不了几天，咱们就可以得胜还朝。来，今晚我们所有的将士都一醉方休！"

但出乎将军意料的是，谋士并没有显现出高兴的神情，反而是一脸的愁容。谋士沉思了片刻，对将军说："你不觉得这场仗打得很蹊跷吗？原来我们和敌军交战时，有过这样轻松取胜的记录吗？敌军既然来犯，势必来势汹汹。可是，我感觉好像他们全都无心恋战似的，这很不正常。我认为，今夜他们一定会来偷营劫寨，我们还是小心些好呀。"

将军连忙点头称是，命令三军，今晚谁都不许合眼，眼睛死死地盯着敌军的动向，如果今夜他们敢来偷营劫寨，一定要让他们有去无回。

一个漫长的不眠之夜就这样在平安中度过了，什么事都没有发生，将军的脸色由红变白，又由白变灰，最后铁青着脸看着谋士，一句话都没有说。

第二天，将军领兵讨敌骂阵，敌军高悬免战牌，不敢出战。

当夜，将军又提议饮酒，谋士依然把他拦住，诚心诚意地对将军说："古语云'兵不厌诈'，我们还是小心些好，不如我们轮班站岗，这样将士们可以保证充足的睡眠，还能防患于未然。"

这回将军没好气地说："好，就依你，你向来是足智多谋嘛。"一夜无事，这夜又在平安中度过。

第三天，敌军仍旧拒不出兵，看到此等情形，将军便哈哈大笑起来，心想：敌人是被我吓破了胆，今夜可以放松一下了。

当晚，谋士又来劝阻，这次将军对他已经毫不客气地说："你过于多虑，我说让你这次不要来，你偏来，来了还给我拖后腿，你还是休息休息吧，要不然你一个人守夜。哈哈哈……"

谋士当众被将军羞辱，感到无地自容，但他还是企图劝说将军能够回心转意，可是将军已经拂袖而去，与将士们饮酒去了。

谋士摇摇头，带着为数不多的几个士兵去看守营寨。

半夜时分，敌军果然来了，以迅雷不及掩耳之势夺取了将军的大营，大部分将士还在沉醉中便丧失了性命，谋士终因寡不敌众而战死。

将军看到自己的军队最后只剩下十几个人，他把曾经与自己生死与共的谋士的尸体紧紧地抱在怀中，放声痛哭，对天长叹：“我一生未有败绩，可是偏偏这次大意了，而且还不听忠告，落得如此地步，我还有什么脸面回去？”

他用手轻轻地合上谋士未瞑之目，痛心地说：“贤弟，哥哥陪你去了，到了地府，你再责备我吧！”说罢，将军拔出佩剑，横剑自刎了。

在企业领导身边不乏有一些反对自己的人，有的领导面对反对者的态度是把他们视为自己的“眼中钉”“肉中刺”，不失时机地给他们穿穿“小鞋”；有的领导则显得束手无策，表现得对他们无可奈何；有的领导则能轻松地管理这些人，每次都能正确地对待他们的反对意见。

如果企业领导每天听到的全都是赞美自己的话，听到的都是一致的声音，这反而不是一件好事。每个人都不能保证自己做的事全都是无可挑剔的，所以要想进步，还要善于接受反对自己的意见。

两年前一位记者朋友去一家乡镇企业采访，那位在当地小有名气的企业家、该企业董事长正坐在办公室生闷气。原来，上午在董事会上他再次提出上果汁生产项目，又被否决了。

聊起企业的管理问题，他连连抱怨：现在的企业越来越难管了。他说：“企业刚创立的时候，虽然规模小，员工文化素质也不高，但干什么都比较顺心，我指东，没有人往西。现在倒好，规模上去了，效益也翻了几番，又招进了大批高学历的人才，按说，工作应该更得心应手了，可实际上呢，我的话现在不灵了，常常有人唱反调。就说生产果汁这件事吧，你知道，一瓶汇源或是茹梦，饭店卖十几、二十元。咱这个地方有的是果子，要是上了果汁生产线，你想想那利润！可几个副老总愣是不同意，说果汁眼下走俏，但从长远来看却……”

两年后，这位董事长在北京参加全国劳模表彰会，又与记者朋友见面了。闲聊时，记者朋友问他那个果汁加工项目后来是否上了，他长嘘一口气，说：“幸亏当初没上，如果上了的话，现在可就背包袱了。邻县上了一家，老本都搭了进去。”

他感慨地说，看来企业里有人说“不”，并不见得是坏事。曾经一知名企业的老总说过一句话：20年前，我是最强的，带着大家往前冲，20年后，我站在后边运筹帷幄，看着大家往前冲。

作为老总，员工在你面前唯唯诺诺，并不一定就是好事。当有人向你说“不”时，应该庆贺才对。如果你总是按过去成功的道路走下去，接下来等着你的定是死路一条。

胜在执行

纵观历史，凡是成就突出的人，大都勇于接受批评意见。他们能够从善如流，所以能够吸取众人的智慧，避免自己的失误，从而成就自己的事业。

用人不疑疑人不用

一定意义上，授权就是对员工信任的表现，必须建立在对员工信任的基础上，做到用人不疑，你对员工任何的不放心与怀疑都会影响你授权的技巧和效果。所以，授权就是要放手让员工发挥，不能畏手畏脚，瞻前顾后。

楚庄王赐宴群臣，酒兴正浓时，灯烛突然为风所灭。有人趁机拉扯庄王美姬的衣服，美姬顺势拽断了那人的帽带，并告诉楚王，把灯点起来，就能查到那个非礼之人。

庄王不赞成为这点事让那个醉酒失礼之人受辱，命令大家说，今天与我一起饮酒，不拽掉帽带就表示没有尽兴。于是，群臣都拉断了帽带，燃烛后喝得尽兴而去。

过了三年，晋楚交兵。楚军有位臣子总是冲锋在前，奋勇作战五个回合，带头击退了敌人，取得最后胜利。楚庄王惊讶地问他，我德行浅薄，又不曾特别优待你，你为何毫不犹豫地为我出生入死呢？那人回答说，我就是那晚酒醉失礼被拽掉帽带的人。

其实，楚庄王为酒后失德的臣子遮丑，不仅彰显的是宽容与大度，也说明用人不疑这一原则的精髓，是授权后的高度信任，关键在于放心与放手。

南宋武将张俊，到后花园散步时，见一老兵躺在太阳底下，就用脚踢了踢他，问他何以慵倦到这种程度？老兵爬起来从容地回答说，没事可做，只好睡觉。

张俊问，你会做什么呢？老兵答，什么事都会一点，就像“回易”之类的事，也略微通晓。“回易”，类似今天的国际通商贸易。张俊说，我给一万缗铜钱，你去海外跑一趟如何？老兵答，不够忙活的。张俊说，给你五万怎么样？老兵答，还是不够。张俊问，那你需要多少？老兵说，没有一百万，至少也要五十万。张俊欣赏他的勇气，立即给他五十万，任其支配。

老兵首先打造了一艘极其华丽的大船，招聘了能歌善舞的美女及乐师百余人，到处收购绫锦奇玩、珍馐佳果及金银器皿等，征募了将军十余名，兵丁百余人，按照拜访海外诸国的宴乐礼节，演练了一个月后，扬帆渡海而去。

一年后他满载而归，除珍珠、犀角、香料、药材外，还有骏马，获利几十倍。当时诸将都缺马，唯张俊有马，军容显得特别雄壮。

张俊非常高兴，问老兵，你怎么做得这样好？老兵便把这次海外贸易的经历详细做了汇报。张俊嗟叹称许不已，赏赐特别优厚，问他能否再去。老兵回答说，这是闹着玩的，再去就要失败了，您还是让我回到后花园照旧养老吧。

在这段故事中，张俊能拿出五十万给一个自称能做外贸的老兵，且不问如何使用，这种大气魄足以让老兵从容施展自己的聪明才智。这就是放心、放手所激发出来的人才效应。

正如美国管理学家艾德·布利斯说的那样："当你授权的时候，要把整个的事情托给对方，同时交付足够的权力让他做必要的决定。

用人不疑是一条重要的用人原则，管理者只有充分信任下属，大胆放权，才能使下属产生责任感和自信心，从而激发部属工作的积极性、主动性和创造性。

在现实生活中，有这样两种管理者：一种是事必躬亲，大事小情都要过问，甚至不放过任何细节，整天忙忙碌碌，辛辛苦苦，无所作为；一种是集中精力抓大事，而把日常的具体事务交给下属去做，因而工作有条不紊，成效显著。

对以上两种人，下属更喜欢哪一种？当然绝大多人喜欢后一种。因为没有一个下属不把上级交给的任务当成是对自己的一种信任。而对管理者来说，不善于运用授权艺术，就只能陷入事务之中，成为瞎忙的事务主义者。不敢授权，实际上是对下属的不信任。

管理者对下属的信任是一种无形的力量。战争年代，当某一级指挥员牺牲时，上级马上指定代理人，有时甚至指定一士兵代理排长、连长或更高级的军官，这些受命于危难的军官或士兵，往往能出色地完成任务，创造出骄人的战绩。道理何在？高度的信任，必然产生巨大的精神力量。

当一个人得到完全信任时，就会以其全部的智慧和力量，去完成上级交给的任务。因此，管理者一定要建立起上下级之间的信任感。在具体工作中，既然你信任某人能够担当重任，就应该大胆委托给他，放手让他处理各种事务。

最可怕的是，口头讲信任，实际不放心；上午把权力委托给下属，下午又借故把权力收回去，弄得下属无所适从。这样做肯定会引起下属的反感，久而久之，就会对上级产生一种不信任感。这是管理者一定要注意的。

“用人之神”松下幸之助说过这样的话：“如果一个管理者认为他的职务权力只能由他个人行使，那就没有一个人有能力胜任其工作。授权不只是在职责上分散权力，而且要让他人代替自己去执行具体任务。

在现实生活中，没有一个管理者能够不通过别人的帮助而获得成功的。

事必躬亲是不可取的。侵夺下属工作的权利，就是侵夺他们的成长权、成就权；而缺乏对下属的信任，失去下属的信任感，要想成就大事是很困难的。在一个决策集体中，随意介入下属分管的事务，是令人忌讳的，也最容易“祸起萧墙”。

当然，用人不疑是与疑人不用的原则联系在一起的。在思想品质上有疑点的人，在能力上不能胜任的人，经过认真考察、研究，觉得不可信任的人，则一定不要用。如果失之斟酌，盲目错用，就会自食苦果。

胜在执行

信任的建立要求领导者做到用人不疑，疑人不用。领导者应该有自己的用人哲学，在给员工一定的空间的同时，让员工充分地施展其才华，从而带动整个团队的发展。

抓住人才才能有生命力

如何将企业治理好，一直是管理者的一个“研究课题”。有的研究有素，也就治理有方；有的研究无得，也就治理失败。要治理好企业，必须网罗人才，古代燕昭王黄金台招贤，便是最著名的例子。

《战国策·燕策一》记载：燕国国君燕昭王(公元前311–前279年)一心想招揽人才，而更多的人认为燕昭王仅仅是叶公好龙，不是真的求贤若渴。于是，燕昭王始终寻觅不到治国安邦的英才，整天闷闷不乐的。

后来有个智者郭隗给燕昭王讲述了一个故事，大意是：有一国君愿意出千两黄金去购买千里马，然而时间过去了三年，始终没有买到。又过去了三个月，好不容易发现了一匹千里马，当国君派手下带着大量黄金去购买千里马的时候，马已经死了。可被派出去买马的人却用五百两黄金买来一匹死了的千里马。国君生气地说：“我要的是活马，你怎么花这么多钱弄一匹死马来呢？”

国君的手下说：“你舍得花五百两黄金买死马，更何况活马呢？我们这一举动必然会引来天下人为你提供活马。”果然，没过几天，就有人送来了三匹千里马。

郭隗又说：“你要招揽人才，首先要从招纳我郭隗开始，像我郭隗这种才疏学浅的人都能被国君采用，那些比我本事更强的人，必然会闻风千里迢迢赶来。”

燕昭王采纳了郭槐的建议，拜郭槐为师，为他建造了宫殿，后来没多久就引发了“士争凑燕”的局面。投奔而来的有魏国的军事家乐毅，有齐国的阴阳家邹衍，还有赵国的游说家剧辛等等。

落后的燕国一下子便人才济济了。从此以后一个内乱外祸、满目疮痍的弱国，逐渐成为一个富裕兴旺的强国。接着，燕昭王又兴兵报仇，将齐国打得只剩下两个小城。

管理之道，唯在用人。人才是事业的根本。杰出的领导者应善于识别和运用人才。只有做到唯贤是举，唯才是用，才能在激烈的社会竞争中战无不胜。

“千军易得，一将难求”，现实生活中，也许我们不可能像燕昭王一样筑“黄金台”，但是，我们难道不可以借用报刊一角，筑起“招贤台”，招聘贤才么？

乔布斯说，他花了半辈子时间才充分意识到人才的价值。他在最近一次讲话中说：“我过去常常认为一位出色的人才能顶两名平庸的员工，现在我认为能顶五十名。”

由于苹果公司需要有创意的人才，所以乔布斯说，他大约把四分之一的时间用于招募人才。高级管理人员往往能更有效地向人才介绍本公司的远景目标。而对于新成立且富有活力的公司来说，其创建者通常在挑选职员时十分仔细，老板亲临招聘现场，则可使求职者以最快速度了解与适应公司的文化氛围和环境。

人才是公司最大的财产。孙子说：“夫将者，国之辅也。”意思是说：“将帅是国家的左膀右臂。”将帅左右着国家的命运，是国家最宝贵的资源。一个国家尚且如此，企业更是如此。如果企业轻易裁员，不注重人才的培养和储备，就有可能使企业陷入无人可用的尴尬境地。只有将员工与公司结为一体，共存共荣，才能激发员工对企业的热爱之情，树立强烈的公司意识，用心服务于公司。

要注重发挥“创新”的管理职能。“人才是第一资源”，在管理上，要重视对人才的培养和挖掘，特别是对年轻人的重视。年轻人有新的招数和新的思维，可以在市场上总有令人耳目一新的感觉，让年轻人去做事，鼓励自己的新观点，新思维，拒绝僵化和保守，才能让创新的阳光给予企业发展以活力。

为此，我们应该形成“让年轻人先发言”的惯例。这点可以从犹太人身上得到启示，在犹太法庭上，首先由年轻的法官发言，然后大家再依次发言。这样，在犹太人的内部就形成了让年轻人首先发言的体制。

这个体制或说是惯例，让犹太人一直保持了新鲜的的氛围。犹太人认为，年轻人永远是最有希望的，给他们以充分的机会，他们可以做出任何轰轰烈烈，甚至惊天动地的事情来，年轻人因为没有经过太多的世事，缺乏经验，因而显得幼稚，但他们绝不保守。相反，却富有对世界的美好憧憬和向往，尽管这些还显得过于浪漫和不现实。

而老年人经历过了世事，已经变得十分现实，不会去追求那些他们觉得不现实的事情，他们没有了激情，没有了奇特的想法。他们完全是靠自己的经验来判断。

俗话说：创造财富的人比财富本身更具有价值，人才是创新的关键。“如果把我们公司20个顶尖人才挖走，微软就会变成一家无足轻重的公司。”比尔盖茨如是总结微软成为世界级企业的秘诀。进入知识经济时代，知识与人才在企业中的作用越来越明显。

胜在执行

左右企业命运的不是企业家本人，而是企业是否有足够的人才。雄厚的人才储备是企业持续发展的关键。

第三章

强化提高团队执行能力

执行是目标和现实之间的桥梁。当一个企业丰满的战略梦想邂逅骨感的现实情况，如何保证你的战略不会成为空中楼阁？答案是执行。无论多么宏伟的蓝图，多么正确的决策，多少严谨的计划，如果没有高效的执行，最终的结果都是纸上谈兵。没有执行力就没有成功，执行力是企业管理成败的关键。没有执行，就没有生存。因此，从这个意义上讲，企业能否做强做大，就要看我们是否执行。执行的强度、力度、速度等因素，决定了我们能不能达到最终的目标。

激励团队的力量更重要

在广袤的非洲大草原上，既生活着凶残的狮子，也生活着像羚羊和斑马这样温顺的食草动物；这里有一个非常有趣的现象，羚羊是这个世界上跑得最快的动物之一，而它们被狮子捕杀的数量远远大于比它们跑得慢得多的斑马。

究其原因，是由于斑马是群居动物，遇见狮子这类危险的食肉动物时，成年健壮的斑马会头朝里，尾巴朝外，自动围成一圈，把弱小体衰的斑马围在圈内，只要狮子一靠近，斑马们就会扬起后蹄踢向狮子。狮子再强壮，也抵挡不住一群斑马强壮的后蹄。

羚羊恰恰相反，它们没有相互支持和保护的习性，遇见危险，总是四散奔跑，于是往往难逃狮子的利爪，成为狮子口中的美餐。

培养相互支持的团队精神，“抱成团”是最有力的进攻和防御武器。

俗话说，商场如战场。在企业日益成为市场竞争主体的今天，企业的竞争力、战斗力决定着企业的生死存亡。一个企业如果有一个好的团队和良好的团队精神，它就会像冲锋的号角，激励员工通往超前，奋力争先，不断战胜对手，取得竞争的胜利！团队精神是企业的精神支柱。

换句话说，你要刺激一群人做某件事，必须先激发这群人的团队精神，即使是在军中，军令如山，不得不服从，这种精神依然非常重要。良好的团队精神就成为一面旗帜，它召唤着所有认同该企业团队精神的人，自愿聚集到这面旗帜下，为实现企业和个人的目标而奋斗。

有这样一个故事：

黑熊和棕熊喜食蜂蜜，都以养蜂为生。它们各有一个蜂箱，养着同样多的蜜蜂。有一天，它们决定比赛看谁的蜜蜂产的蜜多。

黑熊想，蜜的产量取决于蜜蜂每天对花的“访问量”。于是它买来了一套昂贵的测量蜜蜂访问量的绩效管理系统。在它看来，蜜蜂所接触的花的数量就是其工作量。每过完一个季度，黑熊就公布每只蜜蜂的工作量；同时，黑熊还设立了奖项，奖励访问量最高的蜜蜂。但它从不告诉蜜蜂们它是在与棕熊比赛，它只是让它的蜜蜂比赛访问量。

棕熊与黑熊想得不一样。它认为蜜蜂能产多少蜜，关键在于它们每天采回多少花蜜——花蜜越多，酿的蜂蜜也越多。于是它直截了当地告诉众蜜蜂：它在和黑熊比赛看谁产的蜜多。它花了不多的钱买了一套绩效管理系统，测量每只蜜蜂每天采回花蜜的数量和整个蜂箱每天酿出蜂蜜的数量，并把测量结果张榜公布。它也设立了一套奖励制度，重奖当月采花蜜最多的蜜蜂。如果一个月的蜜蜂总产量高于上个月，那么所有蜜蜂都受到不同程度的奖励。

一年过去了，两只熊查看比赛结果，黑熊的蜂蜜不及棕熊的一半。

黑熊的评估体系很精确，但它评估的绩效与最终的绩效并不直接相关。黑熊的蜜蜂为尽可能提高访问量，都不采太多的花蜜，因为采的花蜜越多，飞起来就越慢，每天的访问量就越少。另外，黑熊本来是为了让蜜蜂搜集更多的信息才让它们竞争，由于奖励范围太小，为搜集更多信息的竞争变成了相互封锁信息。蜜蜂之间竞争的压力太大，一只蜜蜂即使获得了很有价值的信息，比如某个地方有一片巨大的槐树林，它也不愿将此信息与其他蜜蜂分享。

而棕熊的蜜蜂则不一样，因为它不限于奖励一只蜜蜂，为了采集到更多的花蜜，蜜蜂相互合作，嗅觉灵敏、飞得快的蜜蜂负责打探哪儿的花最多最好，然后回来告诉力气大的蜜蜂一齐到那儿去采集花蜜，剩下的蜜蜂负责贮存采集回的花蜜，将其酿成蜂蜜。虽然采集花蜜多的能得到最多的奖励，但其他蜜蜂也能捞到部分好处，因此蜜蜂之间远没有到人人自危相互拆台的地步。

激励员工之间竞争固然重要，但相比之下，激发起所有员工的团队精神尤显突出。

众所周知，微软公司使数以万计的雇员成了百万富翁。可鲜为人知的是，他们中许多人在取得了经济独立之后，仍继续留在微软工作。在某些人看来，这些百万富翁大概是发了神经。的确，大多数人认为，发财就等于取得了辞职的资格证书。但是，微软公司的百万富翁们并不那样认为。

如果你了解微软公司的工作条件并非舒适安逸，你就会觉得雇员们的献身精神难能可贵。在这里，一周工作 60 个小时是常事。在主要产品推出的前几周，每周的工作时数还会过百。微软公司也并非以其高额津贴出名，相反，它却以“吝啬”著称。多年以来，董事长比尔·盖茨因公出差时，总是自己开车去机场，而且坐的是二等舱。

那么，是什么神奇的吸引力，竟使这些百万富翁不是因为自己经济的需要而如此卖命地工作呢？答案只有一个，那就是完全超越了自我的团体意识。这种团体意识，已在微软公司生根发芽。微软人认为，他们不属于自己，而是从属于微软这个团体。

董事长比尔·盖茨在谈到团队精神时，讲过这样一段话：“这种团队精神营造了一种氛围，在这种氛围中，开拓性思维不断涌现，员工的潜能得以充分发挥。我们微软公司所形成的氛围是：“你不仅拥有整个公司的全部资源，同时还拥有一个能使自己大显身手，发挥重要作用的小而精的班级或部门。每个人都有自己的主见，而能使这些主见变成现实的是微软这个团体。我们的策略一向是：聘用有活力，具有创新精神的顶尖人才，然后把权力和责任连同资源，一并委托给他们，以便使他们出色地完成任务。”

事实上，这种团体意识，绝非微软公司所独有。类似于这种把个人归属于集体的团体意识，也是许多公司都在追求和培养的。团队意识，使雇员们工作热情更高，工作体验更深，从而使他们的生活更具价值和意义。

在现代企业中，培育企业的凝聚力，团队精神是不可缺少的。否则就如同一盘散沙。一根筷子容易弯，十根筷子折不断就是团队精神重要性力量直观表现，也是团队精神重要之所在。

胜在执行

物以类聚，人以群分。良好的团队精神就成为一面旗帜，它召唤着所有认同该企业团队精神的人，自愿聚集到这面旗帜下，为实现企业和个人的目标而奋斗。

真心及时激励员工士气

某王爷手下有个著名的厨师，他的拿手好菜是烤鸭，深受王府里的人喜爱，尤其是王爷，更是备加赏识。不过这个王爷从来没有给予过厨师任何鼓励，使得厨师整天闷闷不乐。

有一天，王爷有客从远方来，在家设宴招待贵宾，点了数道菜，其中一道是王爷最喜爱吃的烤鸭。厨师奉命行事，然而，当王爷挟了一鸭腿给客人时，却找不到另一条鸭腿，他便问身后的厨师说："另一条腿到哪里去了？"

厨师说："禀王爷，我们府里养的鸭子都只有一条腿！"王爷感到诧异，但碍于客人在场，不便问个究竟。

饭后，王爷便跟着厨师到鸭笼去查个究竟。时值夜晚，鸭子正在睡觉。每只鸭子都只露出一条腿。

厨师指着鸭子说："王爷你看，我们府里的鸭子不全都是只有一条腿吗？"

王爷听后，便大声拍掌，吵醒鸭子，鸭子当场被惊醒，都站了起来。

王爷说："鸭子不全是两条腿吗？"

厨师说："对！对！不过，只有鼓掌拍手，才会有两条腿呀！"

要使人们始终处于施展才干的最佳状态，唯一有效的方法，就是表扬和奖励，没有比受到上司的批评更能扼杀人们积极性的了。

在下属情绪低落时，激励奖赏是非常重要的。身为管理者，要经常在公众场所表扬佳绩者或赠送一些礼物给表现特佳者，以资鼓励，激励他们继续奋斗。一点小投资，可换来数倍的业绩，何乐而不为呢？在不改变药效的情况下，给药加点糖，效果会更好。

美国有一个金香蕉的故事。在福克斯波罗公司早期，急需一项关系公司性命攸关的技术改造。一天深夜，一位科学家拿了一台确能解决问题的原型机，闯进总裁的办公室。总裁看到这个主意非常妙，简直难以置信，就琢磨着怎样给予奖励。

他弯下腰把办公桌的大多数抽屉都翻遍了，总算找到了一样东西，于是躬身对那位科学家说："这个给你！"他手上拿的竟是一只香蕉，而这是他当时能拿得出的唯一奖酬了。自此以后，香蕉演化成小小的"金香蕉"形别针，作为该公司对科学成就的最高奖赏。区区一只香蕉，竟然可以作为奖品，而且可以取得神奇的效果，真让人大开眼界，也让人从中领悟到奖励的学问。

人在社会生活中，都有希望受到尊重和自我实现的需要。一个人在做出成绩和贡献时，希望得到领导的奖赏和社会的肯定，这种肯定和奖赏，越直接越及时，效果越好。总裁及时对福克斯波罗公司的科学家给予奖励。尽管奖励微薄，但在那种特定的环境和条件下，由于做到了及时，足以体现出礼轻情意重，具有极强的政策导向作用。

俗话说，人心换人心，黄土变成金。赞扬职工，奖赏职工，态度一定要真诚、实在、发自内心，使职工从心里感受到领导是在真心赞扬自己，尊重自己，即使奖励不多，也会高兴的。福克斯波罗公司的总裁很聪明，虽在那种场合下只找到一只香蕉，但态度十分谦恭，躬身递给科学家，其行可谅，其意可佳，其情可感。

美国玛丽·凯化妆品公司董事长玛丽·凯，就是一位善于用表扬来激励员工的成功企业家，她认为员工是需要表扬的，只有对他们做出的成绩进行肯定，他们才会有更大的动力。

玛丽·凯说："要当好一名经理，必须懂得鼓励人们取得成功的价值。一个经理鼓励人们的最好方式是表扬他们。表扬是一种极其有效的鼓励方式，遗憾的是，许多经理不愿采用这种形式。然而，我不能不认为，他们深知表扬意味着什么，不但深知对别人意味着什么而且深知对自己意味着什么。一个经理应想一想，你有多长时间没有对正在工作的人们说：‘你确实干得十分出色，我佩服你在办公室里把工作做得这样好！’作为一个经理，你应该意识到人人需要表扬。”

玛丽·凯独特的激励机制使公司一举成功，她喜欢的警句是：“我们从失败走向成功。上帝从来不造无用之材。因此，你能拥有，或为你所希望的一切。如果你想你行，你便行；如果你想你不行，便绝不行。”这些听似过时的警句，却有着神奇的魔力，促使员工不惜一切地追随其后。

拿破仑曾说过：“在战争中，军队士气与装备之比为3:1。”高度重视员工士气，才是加强执行力的明智之举。

企业要重视对员工行为的激励。激励不足，员工工作的动力就不足，工作效率就会降低，激励偏差，员工追求的目标就与企业的经营目标不一致，影响企业发展。因此，企业应该从经营目标出发重新审视内部的激励机制，从根本上解决员工的动力问题。

张瑞敏说过，他最想请教韦尔奇的就是“如何让大企业保持小企业的活力”，韦尔奇是如何让GE这家由爱迪生创建的百年老店保持了令人羡慕的活力呢？这要得益于他推行的“无边界”管理思想，努力塑造一种无障碍沟通的文化，“痛恨”官僚主义，经常与基层员工发邮件，跨越沟通，用这样的实际行动使通用电器这个百年老店仍然保持着创业的激情。

没有活力，一个企业就会形成可怕的“惰性”，就会形成安于现状、害怕变革和不敢冒险的不良风气，失去不断进取的勇气和动力，进而导致组织功能的退化和衰老，行动缓慢，思维僵化，最终被环境所淘汰。创新和活力是优秀文化的核心，是名牌企业、百年老店的致胜法宝。

胜在执行

表扬与奖励是士气最好的催化剂。员工需要经常性的激励来维持工作的干劲儿。漠视和无理的批评只会使人沮丧。融洽的领导与被领导关系，要比压服式的“高压统治”，更能令人由内心深处产生动力。

细节决定团队执行力

汪中求先生说过："中国绝不缺少雄韬伟略的战略家，缺少的是精益求精的执行者；绝不缺少各类规章制度、管理制度，缺少的是对规章制度不折不扣的执行。"

是我们没有宏大美好的理想，还是缺少一种积极向上的精神？都不是，我们只是缺乏从细、精处入手的工作作风。我们做一件事，如果把握好了每一个环节，把每一个细节经营完美，那么，终端结果的完美必将水到渠成。

上海的地铁一号线是由德国人设计的，看上去并没有什么特别的地方，直到我们自己人设计的二号线投入运营才知道其中有那么多的细节被二号线忽略了。结果二号线运营成本远远高于一号线，似乎至今仍未实现收支平衡。

上海地处华东，地势平均高出海平面就那么有限的一点点，一到夏天，雨水经常会使一些建筑物受困。德国的设计师就注意到了这一细节，所以地铁一号线的每一个室外出口都设计了三级台阶，要进入地铁口，必须踏上三级台阶，然后再往下进入地铁站。就是这三级台阶，在下雨天可以阻挡雨水倒灌，从而减轻地铁的防洪压力。事实上，一号线内的那些防汛设施几乎从来没有动用过；而地铁二号就因为缺了这几级台阶，曾在大雨天被淹，造成巨大的经济损失。

德国设计师根据地形、地势，在每一个地铁出口处都设计了一个转弯，不会直接通到室外，而二号线显然没有注意到这一点。这一个转弯大大减少了地铁站台和外部的热量交换，从而减轻了空调的压力，使得一号线的电费大大少于二号线。

每个坐过地铁的人都知道，当你距离轨道太近的时候，机车一来，你就会有一种危险感。在北京、广州地铁都发生过乘客掉下站台的危险事件。德国设计师们在设计上体现着“以人为本”的思想，他们把靠近站台约 50 厘米内铺上金属装饰，又用黑色大理石嵌了一条边，

这样，当乘客走近站台边时，就会有了“警惕”，意识到离站台边的远近，而二号线的设计师们就没想到这一点。地面全部用同一色的磁砖，乘客一不注意就容易靠近轨道，地铁公司不得不安排专人来提醒乘客注意安全。

而且，一号线的站台比较宽，上下车比较方便，而二号线的站台比较窄，尤其其一二层之间的楼梯比较窄。在高峰时间，显得非常拥挤。较窄的站台，也使乘客无法看清楚对面的本站站牌，容易坐过站。这使得二号线重新装饰了所有的柱子，使每一个站台的柱子都不相同，以方便乘客辨认。但同时二号线也丧失了在柱子上做广告的收入。

“细节决定成败”其实是一个很朴素而且操作简单的道理，只是人们在实践中往往太容易忽略一个又一个看来微不足道实际上却影响全局的细节，才使得本来可以预期的成功由于过程管理在细节上存在诸多疏漏而归于失败，这样的教训我们应该时刻记住。“一着不慎，满盘皆输”就是前人对不遵循“细节决定成败”这一规律而导致失败的生动总结。

为什么美国很多企业家会知道一些十分精确的数字：全国平均每人每天吃几个汉堡包、几个鸡蛋，每人每天有多少时间花在做饭、吃饭上，因为他们时刻都在密切地关注着他们的消费者，哪怕是一些细枝末节的东西。

如今，市场的苛求程度往往超乎我们的想象，现在商业领域已经进入微利时代，大量财力、人力的投入，往往只为了赢取几个百分点的利润，而某一个细节的忽略却足以让有限的利润化为乌有。汰渍洗

衣粉就是一个典型的案例。

几年前，宝洁推出汰渍洗衣粉时，市场占有率和销售额以惊人的速度向上飙升，可是没多久，这种势头逐渐放缓了。于是宝洁公司进行了大量的市场调查，在一次小组座谈会上，有消费者抱怨汰渍洗衣粉的用量大，当追问是什么原因时，这位消费者说："你看广告中在倒洗衣粉时，倒了那么长时间，所以，说它洗得干净，其实是因为它用得多，算计起来更划不来。"于是品牌经理赶紧把广告找来，掐算了一下展示产品部分中倒洗衣粉的时间，一共 3 秒钟，而其他洗衣粉广告中仅为 1 点 5 秒……

看不到细节，或者不把细节当回事的人，对工作缺乏认真的态度，对事情只能是敷衍了事。这种人无法把工作当作一种乐趣，而只是当作一种不得不受的苦役，因而在工作中缺乏工作热情。他们只能永远做别人分配给他们做的工作，甚至即便这样也不能把事情做好。而考虑到细节、注重细节的人，不仅认真对待工作，将小事做细，而且注重在做事的细节中找到机会，从而使自己走上成功之路。

无限的爱（组织）日用品和化妆品连锁超市 DM 在德国遍地皆是。30 年前，格茨·维尔纳白手起家创建了 DM 连锁店。他有自己的一套注重细节的经营理念，有的地方还会为注重细节做出一些特别"古怪"的行为。

当维尔纳走进一家 DM 分店时，他要求分店经理拿扫帚来。这家分店的经理把扫帚递给维尔纳，非常疑惑地说："维尔纳先生，我不明白您要它做什么？"维尔纳指着地下的灯光说："您看，灯光的亮点聚在地上，什么用处也没有。"于是，维尔纳用扫帚柄拨了一下上面的灯，让灯光照在货架上。

这样的小事也要由大老板过问，并且亲自动手，岂不把他累死？可就是这样一个大老板现已拥有 1370 家连锁店、两万名员工，2002 年的销售额高达26亿欧元。维尔纳也是同行业中最富有的，2003年年初时他的个人财产达到9.5亿欧元。

维尔纳解释他注重细节的用意时说："这样做给人留下的印象远比下达批示深刻得多。当然，我不可能每天到所有的分店跑一圈，每一个细节都不放过，但是，'商业教皇'布鲁诺·蒂茨说得对：'一个企业家要有明确的经营理念和对细节无限的爱。'"

作为一个公司领导，不需要、也不可能事必亲躬，但一定要明察秋毫，能够在注重细节当中比他人观察得更细致、周密，做到能够细致，像维尔纳那样，在某一细节的操作上做出榜样，使员工有效法的标本，并形成一种威慑力，使每个员工都不敢马虎，无法搪塞。只有这样，企业的工作才能真正做细。

胜在执行

"一树一菩提，一沙一世界"。生活的一切原本都是由细节构成，百分之一的错误可能会导致百分之百的失败，细节是成败的关键，事事精细成就百事，时时精细成就一生。

管头管脚不能从头管到脚

孔子的学生子贱有一次奉命担任某地方的官吏。当他到任以后，却时常弹琴自娱，不管政事，可是他所管辖的地方却治理得井井有条，民兴业旺。这使那位卸任的官吏百思不得其解，因为他每天即使起早摸黑，从早忙到晚，也没有把地方治好。

于是他请教子贱："为什么你能治理得这么好？"子贱回答说："你只靠自己的力量去进行，所以十分辛苦；而我却是借助别人的力量来完成任务。"

现代企业中的领导人，喜欢把一切事揽在身上，事必躬亲，管这管那，事事都要管，从来不放心把一件事交给手下人去做，这样，使得他整天忙忙碌碌不说，还会被公司的大小事务搞得焦头烂额。

一天，时间管理专家为商学院的一群学生做了一个实验。他首先把大石块一一放进一个大木桶里，直到盛不下为止，他问学生："大木桶装满了吗？"所有的学生们答道："满了。"专家拿出砾石倒进去，砾石填满石块的间隙，直到盛不下为止，他问学生："现在装满了吗？"有些学生们小声道："可能还没有。"专家又拿出沙子倒了进去，沙子填满砾石的间隙，直到盛不下为止，他再一次问学生："装满了吗？"

这次学生已明白了实验的用意，大声道："没满。"最后专家将水倒了进去，水充满了沙子的间隙，直到大木桶盛不下为止。专家说，如果把程序反过来，其结果又如何呢？我们是无法将这些沙子、砾石、大石块再放进去了。

假如我们把这个故事中大石块、砾石、沙子和水分别比喻为企业职员的不同层次的话，大石块、砾石、沙子和水依次就是决策管理层、经营管理层、生产管理层和生产操作层。根据现代企业的发展趋势，企业的好坏越来越表现为企业的快速决策，而生产方法越来越受到轻视，其原因就是企业的生产方法越来越相同或相似。

相反地，决策带来的差距则越来越明显。也就是说在企业的发展中先把大石块放进去，然后才是砾石、沙子和水，决策决定企业生存和发展。大石块就是大石块，尽管在同一个大木桶里，也不能变为砾石、沙子或水，因为所谓的管理就是通过他人之力，将事情一一完成。如果“大石块”花了太多的时间在做一些“技术员”应该做的事情，而没有花足够的时间来学会通过他人之力完成事情，则说明“大石块”所知有限。

战略是大事，只能由“大石块”们去干，裨补缺漏的事情交给砾石、沙子和水，这种分工既不可替代也不可逾越。如果董事长们除了研究战略之外已感无事可做，那么这个企业的运转必然是正常的，否则企业肯定在某些方面出了问题。

美国太平洋铁路公司总经理威廉·杰弗斯塔乘公司的铁路专车公出。在某一站，司机有事询问，到他的专用车厢找他。当时杰弗斯塔正忙于拟一份电报稿，所以随便答应着，并没有正面看那司机。司机傲然地对他说：“不要把自己弄得太忙，留些时间给自己考虑。”杰弗斯塔不但没有生气，反而把司机的话作为座右铭永记在心。

企业的决策者不仅要为企业找准行道，而且要有足够的时间来决定大石块、砾石、沙子和水的放人木桶的先后顺序。

美国通用电气公司 CEO 杰克·韦尔奇的一个管理原则就是，“管理得少”就是“管理得好”，也就是说企业经营管理者只管自己该管的事。

反观国内的一些企业经营管理者显然就缺乏了这份自信和这种观念。据一份权威的调查分析报告称：“在中国企业每一层次上，80%的时间是用在管理上，仅有 20%的时间是用在工作上。”

对此，著名经济学家胡鞍钢指出：西方发达资本主义国家企业管理工作中的“管”与“理”，普遍遵照的是 20% ∶ 80%的比例，这与中国企业管理中的“管”与“理”，大多为80%：20%的比例恰好颠倒。这也是大多数中国企业缺乏竞争力的原因之一。

习惯于相信自己，放心不下他人，经常粗鲁地干预别人的工作过程，这样就会形成一个怪圈：上司喜欢从头管到脚，越管越变得事必躬亲，独断专行，疑神疑鬼；同时，部下就越来越束手束脚，养成依赖、从众和封闭的习惯，不仅会把最为宝贵的主动性和创造性丢得一干二净，而且会严重挫伤员工的自尊心和归宿感。

时间长了，企业就会得弱智病。相反，如果管理者能够和员工之间建立起良好的信任关系，并能够形成有效的授权和责任机制，那么，无疑会增加员工的使命感和工作动力，从而能够促进公司业绩的稳步发展。

最理想的管理就是一种“无为而治”的状态，也就是不管理。因为人人学会了自我管理，克尽职守，那些所谓的管理制度、条条框框也就失去了存在的意义。

比如，美国有许多高科技公司采取弹性工作时间：不规定员工上午干什么，下午干什么，对于特定的任务，只是给定一个完成期限，具体的过程就由员工自己来安排，最终以结果来衡量工作业绩。公司给予员工足够的空间，员工则回报公司极大的努力，形成一种良性循环。

由此可见，把实现结果的过程交给部下，又用过程的结果来衡量部下，实在是一种很有效的管理方法。管理大师德鲁克说，注重管理行为的结果而不是监控行为，让管理进入一个自我控制的管理状态。

所谓“君忙国必乱，君闲国必治”，最少的管理才是最好的管理。

胜在执行

其实，一个聪明的领导人，要正确地利用下属的力量，发挥团队协作精神，不仅能使团队很快成熟起来，同时，也能减轻管理者的负担。相信少就是多的道理：你抓得少些，反而收获就多了。管理者，要管头管脚但不能从头管到脚。

只有先律己才可律人

现在很多的领导者，总是一味去要求员工，却放纵自己。事实上，一个没有能力管好自己的人，是绝对没有能力管好别人的。领导者先要自律，才能律人。如果领导者做不到律己，就会造成负面的影响——员工会对领导丧失信心，企业也会因此而走向失败。

克莱斯勒公司是美国的三大汽车公司之一，拥有近 70 亿美元的巨额资产。但进入 20 世纪 70 年代，该公司一蹶不振，多年亏损，到 1979 年，公司亏损 11 亿美元，债务高达 48 亿美元。

后来克莱斯勒公司聘请了因不满而离开福特公司的艾柯卡，希望靠他帮助公司重振雄风。艾柯卡到任后，大挖管理人才，并加以重用，开始了重新振兴克莱斯勒的步伐。

为了与员工同甘共苦，艾柯卡率先示范，用自己的实际行动打动员工的心。他说："领导就意味着榜样。"为了减少公司的开支，他毅然决定把自己的年薪降为原来的 50%。他对工会如是说："20 美元一小时的工作没有了，只有 17 美元一小时的工作，干就可以生存，否则就宣告破产。"

由于艾柯卡的这种带头作用，员工们也甘愿做出牺牲，总共放弃了 31 万元的薪金，并迸发出巨大的精神力量。同时这一系列轰动性新闻，也赢得了社会的广泛同情和支持。

1982 年底，艾柯卡终于使克莱斯勒走出了低谷，公司开始赢利。1983 年，公司出现了历史上最高利润：9. 25 亿美元。1984 年，公司更取得 23. 8 亿美元的纯利润，形成 90. 6 亿美元的资产。1985 年，克莱斯勒公司在世界汽车制造公司的排名榜中跃居第 5 位。

井植薰常说："不能制造优秀的自己，怎么谈得上制造优秀的人才。优秀的领导人才能制造出优秀的人，再有优秀的人去制造优秀的商品、更优秀的自己和更优秀的他人，就是三洋的特色。"

井植薰的这种极度体现自律精神的经营哲学，感染了三洋公司的全体员工。他是这么说的，更是这样做的。1969 年，接替了三洋的董事长、总经理职位后，他从来不为自己格外制定什么标准，要求别人做到的，他自己首先做到。公司的规矩制度，也是极力遵守，从不纵容自己越轨。

例如，当时三洋公司当时推出的力戒"去向不明"政策，井植薰就带头遵守。当时还没有手机等先进的通信设备，一旦有什么紧急的事情要找什么人，而他不在公司又不在家，没人知道他的去向时，往往会误大事。所以，针对这一情况，井植薰要求所有人员外出，必须让公司知道。井植薰每次外出，必定让公司某人知道他的去处，即使是私事也不例外。这样，这项制度，就在当时的三洋公司推行开来，全体员工没有任何怨言。

井植薰要求员工尽力为公司考虑。他认为，如果一个职工下班后一步跨出公司就只过自己喜欢的生活，那他一辈子也不可能被提升到重要的职位上。员工应该站在更高的层次来要求自己，完善自己。这一点，井植薰也是从自己开始做起。对于他来说，一天除了睡觉之外，其余都在考虑公司的事情。

有一次，一位记者问他："您现在年事已高，还以身作则，会不会太累？"

井植薰回答道："再累也得坚持啊！不以身作则，对部属就不可能有号召力和感染作用。我作为三洋的董事长、总经理，在国内有 7 万双眼睛盯着我看，大家都在注视我的行为，我必须得谨言慎行，不能有半点失误。"

井植薰在教导部属“如何做”时，总是先要求自己能率先做到，正像他在一次谈话中所说的那样：“领导者如果以为公司的规则，只是为普通员工制定的话，那就大错特错了。它应该是公司全部的人都必须遵守的规矩，包括部门经理、总经理、公司总裁、董事长等等高层领导人。

“如果以为自己是高层领导，下面的事有人代替去做，就以为迟到几十分钟无关紧要，那是绝对行不通的。大家都听过‘上行下效’吧？前面有榜样，后面就有跟随者。这种模仿，长久如此便会造成公司上下的懒散作风，这足以让一个前景大好的公司面临失败的深渊。”

榜样的力量是无穷的，员工随时随地都在看着领导。正是井植薰这种以身作则、身先士卒的模范表率精神，让三洋公司的员工，都不满足只做好本职工作，使每一个提升的人，都成为大家的榜样；榜样又严于自律，努力影响着别的员工，使大家都成为“优秀的人”；“优秀的”三洋人，又生产出“优秀的”三洋产品，三洋企业才得以取得辉煌的成就。

“人非圣贤，孰能无过。”企业领导者没有全知全觉的能力，因此在决策的制定，工作的指导上常常会出现这样那样或大或小的错误。这时的领导应该具有敢于直视错误的勇气，主动承担责任、勇于自我责罚。并从错误中汲取教训。所谓王子犯法，与庶民同罪。只有这样的领导才会树立威信，也只有这样的领导才能制定出行之有效的规章制度。

如果只是一味地隐瞒推诿，必使自己的威信扫地，为下属所不屑。这对上下团结，加强企业的战斗力是非常不利的。

1946年，日本战败后，松下公司面临极大的困境。为了渡过难关，松下幸之助要求全体员工振作精神，不迟到，不请假。可是不久，松下本人却迟到10分钟，原因是他的司机疏忽大意，晚接了他10分钟。松下认为必须严厉处理此事。

首先以不忠于职守的理由，给司机以减薪的处分。其直接主管、间接主管，也因监督不力受到处分，为此共处理38人。松下认为自己也应该对此事负最后的责任，因为作为最高领导迟到是事实。于是他对自己实行了最重的处罚，退了全月的薪金。

仅仅因为迟到10分钟，松下就处理了那么多人，甚至连他本人也不放过，此事深刻教育了松下公司的员工，在日本企业界引起了极大的震动。

由山羊领导的狮子是永远也打不过由狮子领导的羊群的。作为企业的领导者，并不能只把工作分配给员工就满足了，一定要身体力行，严于自律，才能带领公司突破困境，实现公司的目标。所以，领导者一定要知道律人必先律己，“己不正，焉能正人”。

胜在执行

古人云：“己身正，不令而行；己身不正，虽令不从。”领导要率先垂范、严格执行。如果领导者做不到律己，就会造成负面的影响，企业也会因此而走向失败。

及时跟进不能错失机遇

知识经济中的现代企业已没有决策大小的问题，只有速度快慢的问题。这个世界上充满着变化，“一个公司的成败取决于其适应变化的能力”。这就意味着“速度就是一切”。传统竞争因素的重要性在不断减弱，而新的竞争越来越表现为时间竞争。

现在，顾客需要的是速度。社会生活节奏在加快，时间就是金钱的概念使人们对许多事情都要求节省时间。比如，快式服务应运而生。快餐店已遍布全世界各地，在超级市场为购物数量少的顾客设有专门的“快速通道”，在纽约等大城市兴起了一种“快速服装店”。快餐、速食面、速溶咖啡、各式各样的速溶饮料、快速洗印相片、即时成像、快速洗衣、快递、快寄、快运、高速列车……以至信息高速公路、信息网络，等等。

这一切都充分表明，努力缩短时间，尽量提高速度，已成为当今和未来市场中企业竞争致胜的有力武器。顾客愿意为时间和速度解囊。谁快速争取了顾客谁就能拿到顾客的钱袋。

作为一名决策者，如果看准了目标，就应该有速战速决的魄力，绝不能举棋不定而坐失良机。所谓“快人一步可能取胜，慢人一步可能失败”。快，就主动，就能抓住时机，适应市场需要；慢，就被动，一步慢，步步慢，会把大好时机丧失殆尽。

“超级蓝光”刀片是吉利公司的主导产品。1962 年以前，美国的剃须刀市场几乎由吉利公司垄断。这种刀片历时 5 年才研究成功，于 1960 年正式投放市场。此后这种刀片给公司带来了巨额利润。可是这种刀片最大的缺陷就是它是用碳素做成的，尽管薄而锋利，但很不耐用。但这个问题被这种刀片极佳的销量掩盖了，没有引起吉利公司的重视。

在此之前，英国的成克逊公司已经研制出一种不锈钢材料制成的刀片。这种刀片经久耐用，极富弹性，使用方便，颇受消费者喜爱。该产品一经推出便抢占了英国市场。由于该产品在美国市场投放的数量有限，加上知名度欠佳，没有对吉利公司构成威胁。

可是吉利公司的竞争对手——美国精锐公司和安全剃刀公司敏锐地捕捉到这个信息，并很快推出自己的产品。于是，不锈钢刀片在美国迅速走红，并抢占了许多吉利刀片的忠实顾客。

吉利公司意识到了问题的严重性，由此内部引发了一场大讨论。有人主张充分利用吉利公司的知名度立即推出自己的不锈钢刀片，抢占美国市场。但这样做无疑对自己的主导产品“超级蓝光”造成冲击。另一部分人主张不遗余力地加强对“超级蓝光”的促销，力争保住甚至扩大自己的市场份额。

最终吉利公司放弃了推出自己的不锈钢刀片的计划，而是竭尽全力巩固“超级蓝光”的市场地位。然而，市场无情。不锈钢刀片在美国迅速走红，精锐公司和安全剃刀公司都为自己的产品做了强有力的宣传，抢走了吉利公司的广大用户。而“超级蓝光”的销售额急剧减少，市场占有率降到历史最低点。直到6年之后，吉利公司才匆忙推出自己的不锈钢刀片。

商界竞争中，时间是最宝贵的。商场如战场，“以快取胜”是占领市场的重要策略。企业要想更好地发展，长久地在市场上立于不败之地，决策者就必须要有“快半拍”的理念。

德国“能达普”摩托车厂，是一家已有近七十年生产历史的工厂，技术先进，产品质量优良，曾畅销奥地利、荷兰、比利时、法国等国。可是，由于日本摩托车工业的迅速发展，产品倾销欧洲市场，再加上

“能达普”前些年经营失误，财政发生困难，连年赤字，负债累累，破产在即，准备出卖。

正在德国考察的天津市一个工业代表团从一位来访的德国朋友那里得到这一消息后，立即向该厂表示意向：我们准备买这个厂，但需回国后确定，一周之内，必有回言。然而，与此同时，印度、伊朗等几个国家的商人也获知了这一信息，纷纷打探“能达普”厂的详细情况，也准备购买该厂。

天津市政府主管部门根据实际需要和购买该厂后的经济效能，当即拍板全部购买“能达普”厂的设备和技术，并立即通知德方。随即组成专家团，准备赴德进行全面技术考察，商谈购买事宜。可就在这时，联系人从德国发来急电：伊朗人已抢先一步，已签署了购买“能达普”的合同，合同上规定付款期限为 10 月 24 日。如果 24 日下午 3 时，伊朗商人汇款不到，合同便告失效。

事情有点猝不及防。有关专家分析了整个情况后认为，国际贸易竞争中有力量的偶然因素，虽然伊朗商人在签订合同方面抢先，但能否付款尚属悬案。如果伊朗方面逾期付款，我方还有争取主动的机会。10 月 22 日上午 10 时，天津方面做出决定，立即派团出国，从伊朗人手中抢回这条生产线。

这样，代表团用了 11 个小时办完了要办 15 天的出国手续，按时登上了飞往德国的飞机。10 月 23 日，15 个中国人飞到了慕尼黑。一下飞机，他们顾不上休息，立即与德方联系。10 月 24 日下午 3 时，当打听到伊朗方面款项尚未到的消息时，中国代表团成员立即奔赴“能达普”摩托车厂。

中国人的突然出现，德方人员甚感吃惊。这些中国人躲在哪里，竟如此准时冒出来了？慕尼黑市债权委员会主管倒闭企业事务的米勒先生面带笑容地接待了中国代表团。他说：“伊朗商人因来不及汇款已提出延期合同的要求。如果你们要购买，请现在就谈判签订合同。”

米勒为什么要坚持立即签订合同？作为处理“能达普”厂财产的负责人的米勒确有难言之隐。债权委员会已规定，“能达普”的财产必须于10月30日前出售完毕，以保证债权人的利益。如果逾期，将被迫拍卖。拍卖，就是把全部固定资产拆散零卖，不仅使厂方蒙受巨大经济损失，而且使这个有近七十年历史的生产名牌产品的厂化为乌有。

中方意识到对方急于出卖这一迫切心理，正是这一点，才从伊朗人手中抢到购买该厂的机会，但又不能干闭着眼睛买外国设备的蠢事。经过几个回合的交涉，终于达成了中国专家先进行全面技术考察后再谈判的协议。

25日早晨，中国专家来到“能达普”厂，对全厂的设备、机械性能，工艺流程进行全面考察，最终结论是：该厂设备先进，买下全部设备非常合算。25日下午2时整，合同谈判在中国专家驻地正式举行。经过紧张的讨价还价，在次日凌晨签订了合同。天津专家团以1600万马克(合五百多万美元)的价格，买下了“能达普”厂的2229台设备和全套技术软件。

后来得知，这个价格比伊朗商人所要支付的价格低200万马克，比另一些竞争对手准备支付的价格低500万马克。

两个月后，“能达普”厂里，出现了100名来自中国的安装工人和工程师。仅用95天的时间，完成了总重量为15000吨的设备拆迁工程。1985年6月底，“能达普”厂的设备，已从海、陆、空全部运到目的地。9月，天津第二自行车厂的新厂房里，设备安装的设计工作已大体完成。

俗话说，兵贵神速。在战场上，经常出现一些以少胜多，以寡敌众的情况。那些装备不够精良、人数不够众多的军队可以依靠及时应变和行动快捷来弥补不足，在反应较慢的对手反应之前抓住机会，赢得胜利。企业同样需要遵循“兵贵神速”的原则。企业要生存和发展，要想在应对竞争中赢得先机，取得胜利，就必须行动迅速。

胜在执行

在未来的商场中，不再是大吃小，而是快吃慢。可见，决策之后，行动要快。只要是看准的，就果断地下手，才能赢得顾客与市场，占领先机。

事必躬亲，以身作则

所谓以身作则，就是应该把“照我说的做”改为“照我做的做”，这样才能起到更好的教育激励作用。然而，现在有些领导者总对他的员工说：“照我说的做”。可他们不明白，这是下下之策，真正的上上之策应该是：“照我做的做”。

成功的领导，在于99%的领导者个人所展现的威信和魅力和1%的权力行使。而这种威信与魅力，正是来自于领导自身的行为。古语说：“己欲立而立人，己欲达而达人，”这句话的意思是说，只有自己愿意去做的事，才能要求别人去做，只有自己能够做到的事，才能要求别人也做到。作为现代领导者必须以身作则，用无声的语言说服员工，这样才能具有亲和力，才能形成高度的凝聚力。

作为企业的领导，不仅要在市场竞争中力争第一，更要在日常工作中事事争先，所谓“先天下之忧而忧”，对于规章制度，领导者要带头遵守；对于艰难险阻，领导者要带头去攻克。不要摆出一副领导者的架子，高高在上，什么事情都让下属去做，什么苦都让下属去吃。事事在先的工作态度，换来的是下属对企业的热爱，是下属的忠诚，这样的企业将无往而不胜。

联想在柳传志的带领下，由一个只有20万元的企业发展为今天有上百个亿的大企业，成为了中国电子工业的龙头老大，而柳传志也被人们看作民族英雄，一个具有崇高威望的企业领导人。的确，联想能有今天，与柳传志的人格魅力和高尚的品格是分不开的。

在联想发展的过程中，曾经有这样一件事。联想有一条规则，开二十人以上的会迟到者要罚站一分钟。这一分钟是很严肃的一分钟，不这样的话，会没法开。第一个被罚的人是柳传志原来的老领导，罚站的时候他本人紧张得不得了，一身是汗，柳传志本人也一身是汗。柳传志跟他的老领导说，你先在这儿站一分钟，今天晚上我到你家里给你站一分钟。

柳传志本人也被罚过三次，其中有一次他被困在电梯里，电梯坏了，咚咚敲门，叫别人去给他请假，结果没找到人，还是被罚了站。

就做人而言，柳传志有一段很有名的话："第一，做人要正。虽然是老生常谈，但确确实实极为重要。一个组织里面，人怎么用呢？我们是这么看的，人和人相当于一个个阿拉伯数字。比如说 10000，前面的 1 是有效数字，带一个零就是 10，带两个 0 就是 100……其实 1 极其关键。很多企业请了很多有水平的大学生、研究生，甚至国外的人才，依然做得不好，是因为前面的有效数字不对，他也是个零。作为'1'的你一定要正。"

柳传志是这么说，也是这么做的，正是柳传志的这种以身作则，让联想的其他领导人都以他为榜样，自觉地遵守着各种有益于公司发展的制度，使得联想的事业得以蒸蒸日上。

管理者是一个团队的先锋，也是员工体会公司文化和价值观的第一个接触点，自己本身的工作能力、行为方式、思维方法甚至喜好都会对团队成员产生莫大的影响。作为管理者，就一定要勇当下级学习的标杆，必须以身作则，事事为先、严格要求自己。一旦在员工心中树立起威望，就会上下同心，大大提高团队的整体战斗力。得人心者得天下，做员工敬佩的领导将使管理工作事半功倍。

美国玫琳凯化妆品公司以"领导者以身作则"为所有管理人员的准则。公司创始人玫琳凯·艾施每天都把未完成的工作带回家继续做完，她的工作信条是："今天的事绝不能拖到明天。"她从来没有要求她的员工也这么做，但她的助理以及七位秘书，也都具有她这样的工作风格。

领导者只有严格地要求自己，起带头表率作用，才能具备说服力，才能增强自己的凝聚力。玫琳凯·艾施为了使公司的产品扩大影响，她从来不用其他公司生产的化妆用品，她也绝不允许公司职员使用其他公司的化妆用品，就像她不能理解奔驰轿车的营销员开着宝马轿车一样。

有一次，玫琳凯·艾施发现一位经理使用其他公司生产的粉盒和唇膏，于是走到她的桌旁，婉转而幽默地说："上帝呀，你在做什么试验吧？我想你是不会在公司里使用别家产品的吧！"听了玫琳凯·艾施的话之后，那位经理的脸一下子红到了耳根。过了几天，玫琳凯·艾施亲自把自己未使用过的粉盒和唇膏送给了那位经理。

玫琳凯·艾施非常重视维护形象，因为她深知，一个化妆品公司经理的形象，会给客户留下深刻的印象，甚至会影响到公司的声誉和发展。

20世纪70年代，美国流行穿长裤，但玫琳凯·艾施不管是在什么时候从来不追逐这种流行，始终保持着自己的形象，她甚至为了保持自己的形象，放弃了她一生中最大的爱好——园艺，因为她担心自己会在不留意中，让沾在身上的泥土破坏自己的形象。正是由于玫琳凯·艾施以身作则，公司里每一位员工都衣着合体，光彩照人。

由此可见，表达责任感和工作热情的最令人信服的方式就是以身作则，用生动真实的例子感染员工。作为一位领导者，你想要什么样的员工，首先自己就要先成为那样的人。

胜在执行

己欲立而立人，己欲达而达人，只有自己愿意去做的事，才能要求别人去做，只有自己能够做到的事，才能要求别人也做到。作为现代领导者必须以身作则，自觉遵守企业制度，才能具有亲和力，才能形成高度的企业凝聚力。

在事实的基础上做决策

领导者在选定一个目标后，还不能就此做出决策。因为此时的决策难免带有盲目性，很有可能导致全盘计划受阻。领导者要知道调查研究的重要性。调查研究可以是对形势的了解，对环境的勘查，对竞争对手的试探，对自身各种情况的综合分析等。

为了获取第一手资料，领导者有必要亲临现场，这比听取下级的汇报，或者根据某些资料的记载更为可靠。只有做到这一点，企业的目标才有望实现。反之，企业很可能因决策失误而步入迷途。

1932 年 3 月的一个下午，美国燧石轮胎公司总裁菲利斯通和儿子菲利斯通二世，驱车前往俄亥俄州视察业务。

后来，汽车在马路边停了下来，菲利斯通走下汽车，亲切地向田野里正在耕作的农民打招呼。

菲利斯通二世跟在父亲的后面，走过去跟一个叫高登的农民拉家常，当两人握手时，菲利斯通二世发觉高登的双手特别坚硬有力，不由地赞叹道：“你的身体真棒，像钢铁一样结实！”

农民高登用洪钟般响亮的声音说：“不结实不行呀！”说完他指着农耕机对菲利斯通二世说：“这玩意儿走在又干又硬的土地上，跟一头难以驯服的野牛一样，又蹦又跳，忽东忽西，如果没有点蛮力气，怎么能控制住它？不信，你可以试试看，小伙子！”

年轻气盛的菲利斯通二世有点不服气，决定开农耕机试试。可当农耕机开动后向前走时，他才发现农耕机在地上震动得十分厉害，走不到 20 米远他的手臂就受不了了，于是他赶忙停了下来。

菲利斯通二世亲历这次试耕后，对农耕机有了深刻的了解。

外出考察归来后，菲利斯通心情深重，因为此时燧石公司的业务已呈饱和状态，汽车产量增加有限，橡胶轮胎的销路不好。菲利斯通觉得轮胎生意越来越难做，希望儿子想些点子。

菲利斯通二世为此愁眉不展，于是开车出门兜风。不料汽车发动后，起步非常吃力。他下车检查后发现汽车轮胎的气被别人放了。但他不在乎，继续往前开，可越开车子越颠簸，连车轴都被震断了，他不得不停下来。

这让菲利斯通二世想起了开农耕机的亲身经历，农耕机颠簸的印象他还记忆犹新。想了一会儿，菲利斯通二世终于明白了农耕机颠簸的原因，那就是光秃秃的铁轮子压在坚硬的土地上必颠无疑。

菲利斯通二世欣喜若狂，回公司立刻展开研制农耕机轮胎的工作，后来他们终于生产出一种适用农耕机的低压力轮胎。结果使当时全美国约100万辆农耕机穿上了这种“新鞋子”。新开辟的市场，很快使燧石公司摆脱困境。不到3年时间，燧石公司便成了国际著名的大公司。菲利斯通二世从自己的亲身经历中获益匪浅。

任何企业要在日益激烈的市场竞争中求得生存和发展，都必须努力获取并科学利用全面准确的信息，尤其是关系企业决策成败的竞争情报。

神谷正太郎1917年毕业于名古屋商业学校，毕业后，先后在美英等国从事汽车销售工作。1935年被日本丰田公司的总裁丰田喜一郎看中，把他从美国通用汽车公司“挖”回了日本。

回到日本，神谷正太郎就任丰田公司销售部主任，并把对市场情报的分析和预测作为自己工作的核心。一开始，他成立了“市场调查室”，专门从事情报收集工作。随后不久，他就感觉这个室的力量不够，于是调集包括统计、运算、设备分析和设计专家在内的六十多位专家从事情报收集、整理和发布工作，成立了所谓的“计划调查部”。

这些人日常工作的主要内容就是将遍布世界各地的调查员收集来

的情报，整理出头绪，进行筛选和分析以后，得出初步意见，供总经理作为决策依据。神谷直接领导下的“计划调查部”每年要进行两次全面的市场调查，除此之外，还进行专项调查和抽样调查，每年多达5–6次，调查人数超过6万人，调查费每年得花6–7亿日元。人们在调查部里常常发现，所有的成员都忙碌不堪。

正是由于重视调查、收集信息，神谷才提出了让丰田上下和世界各国难以忘记的神谷销售理论，这就是“用户第一”“销售第二”“制造第三”。这些理论一改人们传统的以生产定销售的做法，使得丰田汽车历经沧海桑田巨变，而仍作为世界汽车巨人巍然屹立。

1957年，丰田公司将自己所生产的最好的皇冠轿车远涉重洋运上美国的口岸，可是一开始并未受到美国消费者的欢迎。神谷迅速发动他的力量进行调查，综合汇报上来的成千上万份数据和各种各样的意见。

最终得出结论：20世纪70年代以后，追求省油实用是美国汽车消费者的未来趋向，而丰田汽车最让美国人难以接受的缺点是车体过重，功率不足，发动机过热。丰田公司根据神谷的调查立即做出决策，马上对皇冠轿车进行专项设计，专门调整。10年之后，即1968年，丰田小轿车像潮水一样涌入美国，年销售量达27万辆。

决策是对客观事物的正确认识，是对客观规律的正确把握，正确的决策能够取得工作的成功，能够带来巨大的效益。而正确的决策只有依据全面、准确、及时的信息才能得出。建立在事实基础上的决策，才能保证领导决策的正确性。

胜在执行

一个企业所做出的决策的正确与否，与多个方面有重大关系，但所依据的信息的全面、准确、及时是必不可少的。只有建立的事实基础之上的决策才能保证决策方向的正确。

集中力量在关键因素上

有一天动物园管理员们发现袋鼠从笼子里跑出来了，于是开会讨论，一致认为是笼子的高度过低。所以它们决定将笼子的高度由原来的十公尺加高到二十公尺。结果第二天他们发现袋鼠还是跑到外面来，所以他们又决定再将高度加高到三十公尺。

没想到隔天居然又看到袋鼠全跑到了外面，于是管理员们大为紧张，决定一不做二不休，将笼子的高度加高到一百公尺。

一天长颈鹿和几只袋鼠们在闲聊，“你们看，这些人会不会再继续加高你们的笼子？”长颈鹿问。

“很难说。”袋鼠说，“如果他们再继续忘记关门的话！”

其实很多人都是这样，只知道有问题，却不能抓住问题的核心和根基。无论是工作中还是生活中，我们总会遇到很多问题，关键是看我们能否抓住问题的核心。

矛盾是事物运动发展的内在因素，事物内部和事物之间都存在着矛盾，矛盾又有主次轻重之分。所以领导者在采取各项战略决策时，要知道集中力量解决主要矛盾的道理，主要矛盾若被突破，那些处于次要地位的问题也就迎刃而解。

1970年，八幡和富士两家公司合并成立“新日本制铁株式会社”，成为日本最大的钢铁联合企业。

会社成立后不久，美元危机、石油危机等国际性市场风浪接踵而来，日本全国钢产量从1973年的1. 2亿吨下落至长期年产量1亿吨左右的限额，这就使钢铁行业陷入设备、人员均过剩的困境。

为了扭转这一被动局面，新日本制铁株式会社采取了大前研一的经营策略，利用长期从事钢铁生产积累的技术、情报和人才优势，集中力量于关键因素，即钢铁技术延长线上的多种经营，开辟了技术协作、工程设计施工等新领域。这一举措，立即收到良好的效果。

1985 年后的日元不断升值，日本的钢铁业经营更加困难，新日本制铁株式会社立刻采取更大规模的应付危机的策略，新开辟了许多其他行业，到了 20 世纪 90 年代，该公司的非钢铁多种经营比重已达 50%。但该公司仍未放弃钢铁生产，它保持着世界最大钢铁公司的规模。

决策所解决的问题大都是多因素问题。解决多因素问题必然涉及局部与整体的关系，这种关系处理得好与坏，对公司经营管理活动将产生直接影响。因此，在公司决策过程中妥善处理局部与整体的关系，是管理者面临的一项重要任务。

日本最大的房地产企业三井不动产株式会社在 20 世纪五六十年代的业务重点为：(1) 商业楼房管理；(2) 疏通河道、填海造地；(3) 开发住宅用地。其成功的标志为 1960 年建成日比谷三井大厦，1968 年建成超高层霞关大厦。

进入 20 世纪 70 年代后，日本出现通货膨胀和地价暴涨的风潮，政府不得不改革土地税制，限制土地开发，三井不动产立刻陷入困境。面对此情此景，三井不动产总裁酒井猛正经过和决策机构商量后，制定了“脱离土地”的经营方针，集中力量把经营重点转到住宅、楼房建设上来。到了 20 世纪 80 年代，三井不动产又在土地开发方面独创“等价交换”“企务代理”“法人同时开发”等多种形式；同时，采取了令人意想不到的主动进攻战术，突然开始向海外投资，集中力量拓展海外市场。

三井不动产的国际知名度越来越高，在获得日本政府及银行支持方面远远超过其他任何一家日本的房地产公司，在资金、合作者、市场销售等方面取得了优势。

在瞬息万变的环境下，怎样才能做出最有效的决策并没有固定不变的规律。但是，最重要的一点，就是要根据实际情况，识别出问题的关键所在，从而选定最简单可行的办法。

简单并不意味着随意，恰恰相反，由于它是在抓住关键问题的基础上对众多的方案进行筛选的，因此，往往也是最富有想像力、最能创造出利润的方法。

20 世纪 80 年代初期，大陆航空从得克萨斯州到纽约市的机票价格一度降到 49 美元，1994 年 12 月，大陆航空的股票已跌至 3．25 美元，进入 1995 年初，公司宣布了第十个亏损年。十几年来大陆航空所做的每件事都行之无效，因此，一直处于亏损状态，其 18% 的飞行是负债经营的。

为使亏损现象不再继续，新任总裁戈登采取的措施之一就是停飞这些负债飞行的航线，并深思熟虑后果断做出飞行的新航线、飞行的频率，以及如何飞行的决定。戈登深刻地明白出售最低价格的机票这一下策并不能使大陆航空的现状发生转变，更无法使大陆航空成为出类拔萃的航空公司。

事实上，这样做的结果是适得其反，人们根本不想买大陆航空提供的产品。也就是说，与仅仅削减开支相比，这些低成本的票价是更为拙劣之举。它们以增加座位的方式洪水猛兽般地冲击市场，以此保持机票的低价格出售。大陆航空每天无数次地奔波往返于城市之间，而这些城市其实并没有这么大的需求量。大陆航空在向人们提供一种他们并不需要的服务。

了解到这些，戈登迅速把飞行航线改为人们想去的地方。过去大陆航空通常每天有 6 班航班往返于格林斯伯勒、北卡罗米纳、格林费尔和南卡罗来纳之间。这些城市并不需要往返数次的班机，然而大陆航空却频繁地飞向那里。戈登于是砍掉了几次班机。

戈登做的另一件相当简单的事情是砍掉 A300 型飞机。A300 型飞机是大陆航空拥有的最大型飞机，使用 A300 型的飞机在某些航线可以减少亏损，但并非 A300 的所有航线都能赚到钱。首先，A300 型飞机的租赁费用很高，对大陆航空来说，这是些不经济、不实用的飞机；其次，A300 型飞机要求特殊的保养程序，它们与大陆航空现有的任何一种机型都不同，操作起来很麻烦，因此，在 A300 型飞机上大陆航空根本无钱可赚。

1995 年，大陆航空剔除了全部这类机型的飞机。把 A300 型飞机从公司的骨干飞机队伍中剔除，从而使机群干净利落地做自我调整，适应了大陆航空新的飞行计划。这样使得大陆航空的班机减少了，但赚的钱却增加了，事实证明戈登的这一决策是正确的。

胜在执行

矛盾是事物运动发展的内在因素，矛盾又有主次轻重之分。所以采取各项战略决策时，要集中力量解决主要矛盾，主要矛盾若被突破，那些处于次要地位的问题也就迎刃而解。

第四章

成功执行在于低调自信

山不解释自己的高度，并不影响它的耸立云端；海不解释自己的深度，并不影响它容纳百川；地不解释自己的厚度，但没有谁能取代她作为万物主的地位。低调做人是一种境界、一种风度、一种去留无意的胸襟，一种宠辱不惊的胸怀。

老子说："图难于其易，为大于其细。天下难事必作于易，天下大事必作于细。"工作中没有小事，点石成金，滴水成河，只有认真对待自己所做的一切事情，才能克服万难，取得成功。

领导者做人要低调

山不解释自己的高度，并不影响它的耸立云端；海不解释自己的深度，并不影响它容纳百川；地不解释自己的厚度，但没有谁能取代她作为万物主的地位。

低调做人是指人的一种品德，不过分张扬、不骄横、不狂妄、不娇揉、不造作、不沾沾自喜，为人谦和、平易不张扬、不成天哇哇叫、不耀武扬威地喝东吆西，不到处夸耀自己的成绩，不争强斗勇，懂得夹着尾巴做人。

作为领导，作为管理者，低调做人，是一种品格，一种姿态，一种风度，一种修养，一种胸襟，一种智慧，一种谋略，是做人的最佳姿态。欲成大事者必有海量之胸，有了海量之胸，方能不计较一时一事之得失，只讲低下身子做事。能做到低调做人，方能为人们所悦纳、所赞赏、所钦佩，这正是人能立世的根基。根基坚固才有繁枝茂叶，硕果累累。低调做人就是在社会上加固立世根基的绝好姿态。姿态放低，方能团结群众、融入群众，与人和谐相处。

地不畏其低，方能聚水成渊；人不畏其低，故能孚众成王。世间万物皆起之于低，源之于低。低是高的立身缘起，低是博的发端与衍生。正所谓“海纳百川，有容乃大”，人行于世，以低求高，以曲求直，才能开创更大的发展空间。

低调做人是一种境界、一种风度、一种去留无意的胸襟，一种宠辱不惊的胸怀。低调的人，总能于世态纷扰中坚持淡定从容的志趣，以平和达观的心态去面对风雨莫测的人生。低调的人，是人群中的圣者，他们以一种儒雅体面的气度，为自己的生命赢得了一份高贵的尊严。

一个容器，若装满了水，稍一晃动，水便溢了出来。一个人，若心里盛满了骄矜，便再也容纳不了新的知识、新的经验及别人的忠告。长此以往，事业或者止步不前，或者猝然受挫。故古人云："满招损，谦受益。"只有持盈若亏，人才能不断进步。

人一旦出头了，发达了，就容易成为众人注目的焦点，被人品评，被人臧否，被人算计。因此，越是功成名就之时，越要反躬自省，越要低调做人。唯有将自己融入到寻常之中，才能更为有效地保护自己。

古人云："自行本忍者为士。"意思是大丈夫要能屈能伸、隐忍待机。"忍"其实是一种自我控制，是经过千锤百炼而形成的一种意志，是为人处世中自然流露出的良好修养。它显示着一股强大的内心力量，是成就大业的基础，是谋求幸福的方法。

哲学家尼采成说："一棵树要长的更高、更壮，接受更多的光明，那么它的根就必须更深入黑暗。"正像树一样，一个人要想成功，就得把志向放在高处，把心端平，踏踏实实，走稳每一步，这样才能步步为营，后劲十足。"

低调的人"宽以待人，严于律己"。他们是人群中的谦谦君子，温文尔雅，平易近人。低调的人，既可处顺，又可处逆；既可攻，又可守。他们能够于复杂诡异的人际环境中进退自如、游刃有余。

低调有以下内涵：1、低调是谦卑。适当地放低自己的姿态，放下自己的架子，保持谦虚，尊重他人。把每个人都当作自己的老师，学习经验，接受教训。不要表现出你的优越感，不要告诉别人你更聪明，谦虚自然地与人相处，不要卖弄自我，以低姿态赢得周围人的好感，自夸则人必疑，自谦则人必服，得势时更要低调。骄傲的高姿态要不得，主动地自我批评与承认错误，适当地降低一下自己的目标，不要张狂，也不要逞能，再有钱也要节俭。

2、低调是中庸灵活。行不可至极处，言不可称绝对，不要忽略"面子问题"。在批评别人时，要给对方留些脸面，与人交往要保持适当的距离，给人“戴高帽”要讲究方法，团结协作是走向成功的捷径，死板的人不会有多大作为，做任何事情都不要一根筋，学会灵活地借助外力，要以退为进，不要硬碰硬，要敢于进行新的尝试，做事要灵活，不要一条道跑到黑，别让犹豫囚禁了你，及时审查自己的目标，果断放弃无意义的固执，换个角度去思考和行动，就会发现一片新天地，如果没有终南捷径，不妨追追根究究底，适当地赞美周围人，赢得大家对你的好感，多结交优秀朋友，多与他们相处。

3、低调是周全。左右逢源好办事，耐住性子，以“曲”求“全”灵活变通，不固执己见，根据具体情况，采取不同的应对策略，时刻准备着，好运气就会光临。

4、低调是忍耐。控制情绪，使能量往好的方面转化，能屈能伸，适时调整策略，调整心态，防止乐极生悲，钢刀虽利易折断，水流虽细能克坚，忍小节才能获大胜，身处逆境，忍辱负重，踏实处世，忌急功近利，要想成就大事，就不要厌烦小事，成功在于坚持，坚持到底就是胜利，循序渐进，一步步地走向成功，说话要绵里藏针，以和为贵。

5、低调是中正平和，办事情要条理化，尽量做到公正公平，别将自己的意见强加给别人，树立良好的诚信形象，胜利只意味着超越了自己，用“我们”等字眼，形成共同意识，用事实消除别人的不信任感，用事实驳斥对方的谬误。帮助别人就是帮助自己，正确地处理下属之间的矛盾，公正地对待每一个下属。

胜在执行

地不畏其低，方能聚水成渊；人不畏其低，故能服众成王。低调的人“宽以待人，严于律己”。他们是人群中的谦谦君子，温文尔雅，平易近人。低调的人，既可处顺，又可处逆；既可攻，又可守。他们能够于复杂诡异的人际环境中进退自如、游刃有余。

低调做人考验管理者修养

低调做人，首先要做到在姿态上低调。在低调中修炼自己：低调做人无论在官场、商场还是政治军事斗争中都是一种进可攻、退可守，看似平淡，实则高深的处世谋略。

谦卑处世人常在：谦卑是一种智慧，是为人处世的黄金法则，懂得谦卑的人，必将得到人们的尊重，受到世人的敬仰。平和待人留余地："道有道法，行有行规"，做人也不例外，用平和的心态去对待人和事，也是符合客观要求的，因为低调做人才是跨进成功之门的钥匙。

时机未成熟时，要挺住：人非圣贤，谁都无法甩掉七情六欲，离不开柴米油盐，即使遁入空门，"跳出三界外，不在五行中"，也要"出家人以宽大为怀，善哉善哉"不离口。所以，要成就大业，就得分清轻重缓急，大小远近，该舍的就得忍痛割爱，该忍的就得从长计议，从而实现理想，成就大事，创建大业。

主动吃亏是风度：任何时候，情分不能践踏。主动吃亏，山不转水转，也许以后还有合作的机会，又走到一起。若一个人处处不肯吃亏，则处处必想占便宜，于是，妄想日生，骄心日盛。而一个人一旦有了骄狂的态势，难免会侵害别人的利益，于是便起纷争，在四面楚歌之中，又焉有不败之理?

为对手叫好是一种智慧：美德、智慧、修养，是我们处世的资本。为对手叫好，是一种谋略，能做到放低姿态为对手叫好的人，那他在做人做事上必定会成功。

以宽容之心度他人之过：退一步海阔天空，忍一时风平浪静。对于别人的过失，必要的指责无可厚非，但能以博大的胸怀去宽容别人，就会让世界变得更精彩。

低调做人，还要做到在心态上低调。功成名就更要保持平常心：高调做事是一种责任，一种气魄，一种精益求精的风格，一种执着追求的精神。所做的哪怕是细小的事、单调的事，也要代表自己的最高水平，体现自己的最好风格，并在做事中提高素质与能力。

做人不要恃才傲物：当你取得成绩时，你要感谢他人、与人分享、为人谦卑，这正好让他人吃下了一颗定心丸。如果你习惯了恃才傲物，看不起别人，那么总有一天你会独吞苦果！请记住：恃才傲物是做人一大忌。

容人之过，方显大家本色：大度睿智地低调做人，有时比横眉冷对的高高在上更有助于问题的解决。对他人的小过以大度相待，实际上也是一种低调做人的态度，这种态度会使人没齿难忘，终生感激。

做人要圆融通达，不要锋芒毕露；功成名就需要一种谦逊的态度，自觉地在名利场中做看客，开拓广阔心境。

知足者常乐：生活中如能降低一些标准，退一步想一想，就能知足常乐。人应该体会到自己本来就是无所欠缺的，这就是最大的财富了。

不要太把自己当回事：不要把自己太当回事，才不会产生自满心理，才能不断地充实、完善自己，缔造完善人生。

谦逊是终生受益的美德：一个懂得谦逊的人是一个真正懂得积蓄力量的人，谦逊能够避免给别人造成太张扬的印象，这样的印象恰好能够使一个管理者在生活、工作中不断积累经验与能力，最后达到成功。

淡泊名利无私奉献：性格豪放者心胸必然豁达，壮志无边者思想必然激越，思想激越者必然容易触怒世俗和所谓的权威。所以，社会要求成大事者能够隐忍不发，高调做事，低调做人。

对待下属要宽容：作为上司，应该具有容人之量，既然把任务交代给了下属，就要充分想念下属，让其有施展才能的机会，只有这样，才能人尽其才。

简朴是低调做人的根本：在生活上简朴些、低调些，不仅有助于自身的品德修炼，而且也能赢得上下的交口称誉。

胜在执行

谦虚低调是终生受益的美德。一个谦逊低调的人是一个真正懂得积蓄力量的人，谦逊能够避免给别人造成太张扬的印象，这样的印象恰好能够使一个管理者在生活、工作中不断积累经验与能力，最后达到成功。

吃亏是福，沉默是金

低调做人，还要做到在行为上低调。深藏不露，是智谋。过分的张扬自己，才大不可气粗，居功不可自傲。不可一世的年羹尧，因为在做人上的无知而落得个可悲的下场，所以，才大而不气粗，居功而不自傲，才是做人的根本。

盛名之下，其实难副。在积极求取巅峰期的时候，不妨思及颜之推倡导的人生态度，试图明了知足常乐的情趣，捕捉中庸之道的精义，稍稍使生活步调快慢均衡，才不易陷入过度偏激的生活陷阱之中。

做人不能太精明，低调做人，不要小聪明，该吃亏时要吃亏，让自己始终处于冷静的状态，在“低调”的心态支配下，兢兢业业，才能做成大事业。

在生活悲欢离合、喜怒哀乐的起承转合过程中，人应随时随地、恰如其分地选择适合自己的位置，起点不要太高。正如孟子所说的：“可以仕则仕，可以止则止，可以久则久，可以速则速。”

做人要懂得谦逊，谦逊能够克服骄矜之态，能够营造良好的人际关系，因为人们所尊敬的是那些谦逊的人，而绝不会是那些爱慕虚荣和自夸的人。规避风头，才能走好人生路：老子认为“兵强则灭，木强则折”“强梁者不得其死”。老子这种与世无争的谋略思想，深刻体现了事物的内在运动规律，已为无数事实所证明，成为广泛流传的哲理名言。

低调做人，便可峰回路转。在待人处世中要低调，当自己处于不利地位，或者危险之时，不妨先退让一步，这样做，不但能避其锋芒，脱离困境，而且还可以另辟蹊径，重新占据主动。要想先做事，必须先做人。要想先做事，必须先做人。做好了人，才能做事。做人要低调谦虚，做事要高调有信心，事情做好了，低调做人，水平就又上了一个台阶。

低调做人，还要做到在言辞上低调。不要揭人伤疤，不能拿朋友的缺点开玩笑。不要以为你很熟悉对方，就随意取笑对方的缺点，揭人伤疤。那样就会伤及对方的人格、尊严，违背开玩笑的初衷。

放低说话的姿态。面对别人的赞许恭贺，应谦和有礼、虚心，这样才能显示出自己的君子风度，淡化别人对你的嫉妒心理，维持和谐良好的人际关系。说话时不可伤害他人自尊，讲话要有分寸，不要伤害他人。礼让不是人际关系上的怯懦，而是把无谓的攻击降到零。

得意而不要忘形，得意时要少说话，而且态度要更加谦卑，这样才会赢得朋友们的尊敬。莫逞一时口头之快：凡事三思而行，说话也不例外，在开口说话之前也要思考，确定不会伤害他人再说出口，才能起到一言九鼎的作用，你也才能受到别人的尊重和认可。

耻笑讥讽来不得，言为心声，语言受思想的支配，反应一个人的品德。不负责任，信口开河，搬弄是非等等，都是不道德的。说话不可太露骨，别以为如实相告，别人就会感激涕零。要知道，我们永远不能率性而为、无所顾忌，话语出口前，考虑一下别人的感受，是一种成熟的人的处世方法。

学会沉默，沉默是金。沉默，并不是让大家永不说话，该说的时候还是要说的。就像佛祖那样境界的人，也还是会与人说话，传授佛法，适度的语言本身也是一种沉默。

人生多舛，世事艰难。这就是说，人生少不了逆境，少不了坎坷，少不了挫折。顺境常常是过去艰苦耕耘收获的结果，逆境也正是日后峰回路转、否极泰来的前奏。因此，你要想取得成功，就得突破人生的逆境，忍受人生的挫折，走过人生的坎坷。

北魏节闵帝元恭，是献文帝拓扑弘的侄子。孝明帝时，元义专权，肆行杀戮，元恭虽然担任常侍、给事黄门侍郎，总提心有一天大祸临头，索性装病不出来了，那时候，他一直住在龙华寺，和谁也不来往，就这样装哑巴装了将近十二年。孝庄帝永安末年，有人告发他不能说话是假，心怀叵测是真，而且老百姓中间流传着他住的那个地方有天子之气，元恭听了这个消息，急忙逃到上洛躲起来。没过几天就被抓住送到了京师。关了好几天，由于抓不到什么证据，不得已又放了他。

北魏永安三年十月，尔朱兆立长广王元晔为帝，杀了孝庄帝。那时，坐镇洛阳的是尔朱世隆。他觉得元晔世系疏远，声望又不怎么高，便打算另立元恭为帝，但又担心他真的成了哑巴。于是便派尔朱彦伯前去见元恭，摸清真实情况。事已至此，元恭也知道形势发生了重大变化，见到尔朱彦伯后开口说：“天何言哉！”十二年的哑巴说了话，彦伯大喜。不久，元恭即位当了皇帝。

人生的路有起有落，逆境虽然痛苦压抑，但对一个有作为、有修养的人士来讲，在各种磨砺中可以锻炼自己的意志，从而由逆向顺。

胜在执行

低调做人，要做到在言辞上低调。不要随意取笑对方的缺点，揭人伤疤。要学会沉默，沉默是金。沉默，并不是让大家永不说话，该说的时候还是要说的。就像佛祖那样境界的人，也还是会与人说话，传授佛法，适度的语言本身也是一种沉默。

低调做人，高调做事

低调不是志向低调，不是没有宏大理想，不是消极颓废，不是死气沉沉，不是安于现状，不是不思进取。低调做人应该与高调做事联系起来。

有位社会学家曾说过，人一生中要依据两件事来确立自身根基：一件是做人，一件是做事。而阅历古今中外，最能保全自己，成就人生的方式便是："低调做人，高调做事。"是一种高超的智慧，是一门精深的学问。

坚持低调做人，高调做事，一定要恪守良好的职业道德和高尚的思想情操，在工作生活中自觉摆正位置，时刻保持谦虚谨慎，戒骄戒躁的优良作风，不居功不自傲，不自以为是高高在上，要坚持时时高风亮节，事事严以律己，处处与人为善，以虔诚博大的胸怀和超然平和的心态对人、对事，时时刻刻做到胸怀坦荡，真诚做人。就人而言，人在现实生活中也无非一天三顿饭，一夜一张床，相互间无任何区别，但真正做一个有价值的人，有意义的人确实是件不容易的事情。所以说一定要正确处理做人做事的关系，要学会先做人后做事，做好人做好事。那么什么是好人？好人即"有道德的人，有益于人民的人，一个脱离了低级趣味的人"，所谓好事就是：做符合国家法律法规的事，符合社会规则的事，符合企业规章的事。

高调做事，首先在思想上要高调给自己一个希望：不论你遇到了多揪心的挫折，都应当以坚持不懈的信心和毅力，感动自己，感动他人，把自己锤炼成一个做大事的人。

保持向上的激情：我们需要激情，需要开拓，让我们从现在做起，兢兢业业，开拓创新，扎扎实实做好本职工作，在平凡的工作中燃烧激情。自信是高调做事的秘诀：信心对于做事成功者具有重要意义，成功的欲望是创造和拥有财富的源泉。人一旦有了这种欲望，并经由自我暗示和潜意识的激发后形成一种自信心，这种信心就会转化成一种“积极的感情”，它能帮助人们释放出无穷的热情、智慧和精力，进而帮助人们获得财富与事业上的巨大成就。

别让借口“吃掉”你的希望：无论什么时候，我们都不要为自己寻找借口，只有尽职尽责，勇往直前，不找借口，才能实现理想，创造辉煌的人生。丑小鸭也能变成白天鹅：一个人有希望，再加上坚忍不拔的决心，就会产生创造的能力；一个人有希望，再加上持之以恒的努力，就会达到目的。

点燃希望之火：一颗充满希望的心灵，具有极大的创造力，这种创造力会激发人的潜能，实现人的理想。

成功需要付出代价，从古到今，凡成事者，成大事者，莫不受尽磨难，在磨难中完成自我教育，如此也水到渠成地成就了事业。不要轻言放弃，坚持就能成功，抱定任何时候都不放弃的信念，即使在一片懊悔或叹息、宽容或指责的氛围中也要坚持。无论条件多么的困难，只要能坚持到底，成功就一定属于你。

点滴入手、真抓实干，坚持用心工作，用心把握，认真细致不马虎，用心落实，精益求精不草率，切实做到“忠、严、细、实”，用心用脑，点滴入手，全面考虑，细致操作。扎实做事就是要树立良好的做事态度和风格，凡事要堂堂正正、光明磊落、尽心尽力、尽职尽责，不能拈轻怕重，好高骛远，成为小事不想做，大事又做不了的人。所以要想成就一番事业，必须从小事做起，从点滴做起，才能成就大事业。

勤于思考，善于动脑。这主要体现在：一方面勤奋工作，认真负责。一定要把心思用在本职工作上。作为一名管理者和领导者，要敢于担当，敢于负责，认真负责，爱岗敬业，以高度的责任心、使命感和进取精神做好自己份内的工作，集中精力把工作做好，卓有成效地开展工作。否则对工作漫不经心，当一天和尚撞一天钟，好高骛远，见异思迁，是不会成就一番事业的。因此无论干任何工作一定要专心，只有专心才能用心用脑，也才能在本职岗位上有所作为。

美国学者小约瑟夫·巴达拉克的新著《沉静企业家》，在 2003 年初登陆中国企业界。它在国外被命名为“第五级经理人”，而国内则把它命名为“沉静企业家”。从 20 世纪 80 年代的艾科卡到 90 年代的韦尔奇，人们坚信：外向、张扬是优秀企业家的必备特征，而同样从 80 年代的比尔·盖茨到 90 年代的郭士纳，人们更加坚信：冒险、传奇才应该是优秀创业家的必备经历。

谁能真正聪明？是那些不为人所知的“沉静企业家”，他们的共同特点是：内向、低调、坚韧、平和，甚至动机混杂。归纳起来，沉静企业家具有 3 大品格特征：低调、克制、谦虚和执着。低调、沉静的企业家之道，与我们传统的东方处事哲学很相近，令国内企业管理者所思：这是不是管理思想的返璞归真。

低调不是简单的企业家方法或模式，而是一种企业家风格。绝大多数的艰巨问题，往往是那些不引人注目、远离镁光灯的人，通过他们谨慎小心、深思熟虑、小而踏实的行动，起到决定性的作用。从 2003 年中国诸多企业 CEO 的做事风格和对著名企业的观察来看，企业比以前更理性，更“沉寂”了。张瑞敏、倪润峰们在各大传媒上主动的露面越来越少，而企业练内功的势头越来越猛。

这方面，华为老总任正非是典型的案例。他以不接受媒体采访、不上电视而著称，在当今的企业家中可谓异类。有次《南风窗》杂志曾经从华为内刊上转载过一篇任正非的文章，虽然读者反响很好，但任正非并不高兴，而是要求公司法律事务部跟《南风窗》交涉，并批示退回了杂志社寄去的稿费，这难道只是巧合？

羊祜是晋朝的大臣，出身于官宦世家，是东汉蔡邕的外孙，晋景帝司马师的献皇后的同母弟。但他为人清廉谦恭，毫无官宦人家奢侈骄横的恶习。他年轻时曾被荐举为上计吏，州官四次征辟他为从事、秀才，五府也请他做官，他都谢绝了。有人把他比作孔子最喜欢的学生——谦恭好学的颜回。曹爽专权时，曾任用他和王沈。王沈兴高采烈地劝他一起应命就职，羊祜却淡淡地回答："委身侍奉别人，谈何容易！"后来曹爽被诛，王沈因为是他的属官而免职。王沈对羊祜说："我应该常常记住你以前说的话。"羊祜听了，并不夸耀自己有先见之明，说："这不是预先能想到的。"

晋武帝司马炎称帝后，因为羊祜有辅助之功，被任命为中军将军，加官散骑常侍，封为郡公，食邑三千户。但他坚持辞让，于是由原爵晋升为侯，其间设置郎中令，备设九官之职。他对于王佑、贾充、裴秀等前朝有名望的大臣，总是十分谦让，不敢属其上。

后来因为他都督荆州诸军事等功劳，加官到车骑将军，地位与三公相同，但他上表坚决推辞，说："我入仕才十几年，就占据显要的位置，因此日日夜夜为自己的高位战战兢兢，把荣华当作忧患。我身为外戚，事事都碰到好运，应该警戒受到过分的宠爱。但陛下屡屡降下诏书，给我太多的荣耀，使我怎么能承受？怎么能心安？现在有不少才德之士，如光禄大夫李熹高风亮节，鲁艺洁身寡欲，李胤清廉朴素，都没有获得高位，而我无能无德，地位却超过他们，这怎么能平息天下人的怨愤呢？因此乞望皇上收回成命！"但是皇帝没有同意。

晋武帝咸宁三年，皇帝又封羊祜为南城侯，羊祜坚辞不受。羊祜每次晋升，常常辞让，态度恳切，因此名声远播，朝野人士都对他推崇备至，以至认为他应居宰相的高位。晋武帝当时正想兼并东吴，要倚仗羊祜承担平定江南的大任，所以此事被搁置下来。羊祜历职二朝，掌握机要大权，但他本人对于权势却从不钻营。他筹划的良计妙策和议论的稿子，过后都焚毁，所以世人不知道其中的内容。凡是他所推荐而晋升的人，他从不张扬，被推荐者也不知道是羊祜荐举的。

有人认为羊祜过于缜密了，他说："这是什么话啊！古人的训诫：入朝与君王促膝谈心，出朝则佯称不知——这我还恐怕做不到呢！不能举贤任能，有愧于知人之难啊！况且在朝廷签署任命，官员到私门拜谢，这是我所不取的。"

羊祜平时清廉俭朴，衣被都用素布，得到的俸禄全拿来周济族人，或者赏赐给军士，家无余财。临终留下遗言，不让把南城侯印放进棺柩。他的外甥齐王司马攸上表陈述羊祜妻不愿按侯爵级别殓葬羊祜的想法时，晋武帝便下诏说："羊祜一向谦让，志不可夺。身虽死，谦让的美德却仍然存在，遗操更加感人。这就是古代的伯夷、叔齐之所以被称为贤人，季子之所以保全名节的原因啊！现在我允许恢复原来的封爵，用以表彰他的高尚美德。

羊祜是聪明的，上至一国之主，下至黎民百姓，都对他表示敬佩。羊祜的参佐们赞扬他德高而卑谦，位尊而谦恭。

总之，低调是一种企业家智慧，低调是高明的企业家风格——是为人处世的黄金法则，懂得低调的人，必将事业有成、得到人们的尊重，受到世人的敬仰。

胜在执行

低调不是志向低调，不是没有宏大理想，不是消极颓废，不是死气沉沉，不是安于现状，不是不思进取。低调做人应该与高调做事联系起来。高调做事，就是在思想上首先要高调给自己一个希望：不论遇到多少挫折，都应当以坚持不懈的信心和毅力，感动自己，感动他人，把自己锤炼成一个做大事的人。

图难于易，图大于细

细心就是注重细节，注意从小事做起。看不到细节，或者不把细节当回事的人，对工作缺乏认真的态度，对事情只能是敷衍了事。而注重细节的人，不仅认真地对待工作，将小事做细，并且能在做细的过程中使自己走上成功之路。

工作中没有小事，点石成金，滴水成河，只有认真对待自己所做的一切事情，才能克服万难，取得成功。

老子说："图难于其易，为大于其细。天下难事必作于易，天下大事必作于细。是以圣人终不为大，故能成其大。夫轻诺必寡信，多易必多难。是以圣人犹难之，故终无难矣。"

大意是：解决难事要从还容易解决时去谋划，做大事要从细小处做起。天下的难事都是从容易的时候发展起来的，天下的大事都是从细小的地方一步步形成的。因此圣人始终不直接去做大事，所以能够成就大的功业。轻易许诺肯定难以兑现，把事看得太容易肯定会遇到太多的困难。因此圣人要把它看得困难一些，所以最终不会遇到困难。"

《韩非子·喻老》说："有形之类，大必起于小；行久之物，族必起于少。故曰：天下之难事必作于易，天下之大事必作于细。"

细节往往决定成败。企业家干得再大，也要注意细节。一台机器有时因为一颗螺丝没上好而导致整台机器停机瘫痪；一道菜，有时因为忘放一撮作料，而导致整道菜索然无味；一锅粥可能因为一颗老鼠屎而倒掉。面对客户，有时会因为少了一丝微笑，而丢掉一大笔业务；面对隐患，有时会因为忽略一处电路接触不良而导致火灾。凡事大大咧咧、粗枝大叶，不注重细节的人是很难成就大事的，是很难成大气候的。斯坦尼斯拉夫斯基说："没有顽强的细心的劳动，即使是有才华的人，也会变成绣花枕头似的无用的玩物。"史迈尔说："对微小事物的仔细观察，就是事业、艺术、科学及生命各方面的成功秘诀。"

毛泽东不仅长于宏观谋划，也善于微观决策。红军时期，他直接带兵打仗，在战术上也表现出卓越的才智。20 世纪 60 年代，当来访的二战名将蒙哥马利元帅赞誉毛泽东指挥的解放战争三大战役时，毛泽东却表示，四渡赤水才是自己的得意之笔。抗战初期，他对于八路军的出兵时机、出兵方向、兵力部署和作战方式，都直接指挥，周详备至。

抗战时期，由于日寇的疯狂扫荡和国民党对边区的封锁政策，边区军民开展了轰轰烈烈的大生产运动。在这场大生产运动中，毛泽东谋划得特别细，多次开会，亲自对一个人种几亩地、纺几斤棉花；一个人应该分几斤粮食、几斤菜、几两肉；一年穿几双袜子，劳动多了应该怎样奖励等等细节进行计算、部署，定出了大生产活动实施细则，从而保证了大生产运动正常开展，解决了边区军民的温饱问题。可见战争时期，毛泽东、共产党能成就大事，不是偶然而为。

毛泽东注重细节，在细节中发现、分析和解决问题，他是调查研究的典范，在这方面他一直是身体力行。雄文四卷的开篇，《中国社会各阶级的分析》《湖南农民运动考察报告》，就是他深入农村、深入基层得出的科学结论。通过自己的深入调查，毛泽东分清了谁是我们的敌人，谁是我们的朋友，分清了依靠谁，孤立谁，分化谁，瓦解谁，打击谁的道理，从而他找到了解决中国问题的钥匙。在以后的革命战争中，每当毛泽东在做重大决策之前，他都要进行调查研究。即使在建国之后，毛泽东在日理万机之中如果不能亲自调查，他也派自己信得过的人到基层调查，而且，为了防止一面之词，他还多方面听取意见，然后才做出决策部署。

海尔总裁张瑞敏先生在比较中国公司员工与日本公司员工的认真精神时曾说：如果让一个日本员工每天擦桌子六次，日本员工会不折不扣地执行，每天都会坚持擦六次；可是如果让一个中国员工去做，那么他在第一天可能擦六遍，第二天可能擦六遍，但到了第三天，可能就会擦五次、四次、三次，到后来，就不了了之。有鉴于此，他表示：把每一件简单的事做好就是不简单；把每一件平凡的事做好就是不平凡。

与日本员工的认真、精细比较起来，中国员工确实有大而化之、马马虎虎的毛病，以致于社会上“差不多”先生比比皆是，好像、几乎、似乎、将近、大约、大体、大致、大概、大概其等等，成了“差不多”先生的常用词。就在这些词汇一再使用的同时，生产线上的次品出来了，矿山上的事故频频发生了，社会上违章犯纪不讲原则的事情也是屡禁不止。

美国质量管理专家菲利普·克劳斯比曾说：“一个由数以百万计的个人行动所构成的公司（想想看，每个人每天要执行多少不同的行动）经不起其中1%或2%的行动偏离正轨。”

而且，注重细节、把小事做细是一个比较难的事。丰田汽车社长认为其公司最为艰巨的工作，不是汽车的研发和技术创新，而是生产流程中一根绳索的摆放，要不高不矮、不粗不细、不偏不歪，而且要确保每位技术工人在操作这根绳索时都要无任何偏差。

所以，无论做人、做事，都要注重细节，从小事做起。我们的古人就提倡“天下大事，必作于细；天下难事，必成于易”。

胜在执行

老子说：“图难于其易，为大于其细。天下难事必作于易，天下大事必作于细。是以圣人终不为大，故能成其大。”工作中没有小事，无论做人、做事，都要注重细节点石成金，滴水成河，只有认真对待自己所做的一切事情，才能克服万难，取得成功。

不细心的人成不了大事

“泰山不拒细壤，故能成其高；江海不择细流，故能就其深。”在中国，想做大事的人很多，但愿意把小事做细的人很少；我们不缺少雄韬伟略的战略家，缺少的是精益求精的执行者；决不缺少各类管理规章制度，缺少的是规章条款不折不扣的执行。作为单位的管理者必须改变心浮气躁、浅尝辄止的毛病，提倡注重细节、把小事做细。

麦当劳（金拱门）在中国开到哪里，火到哪里，令中国餐馆界人士又是羡慕，又是嫉妒。可是我们有谁看到了它前期艰苦细致的市场调研工作呢？麦当劳（金拱门）进驻中国前，连续五年跟踪调查，内容包括中国消费者的经济收入的情况和消费方式的特点，提前四年在中国东北和北京市郊试种马铃薯，根据中国人的身高体形确定了最佳柜台、桌椅和尺寸，还从香港麦当劳空运成品到北京，进行品味试验和分析。开首家分店时，在北京选了五个地点反复论证、比较，最后麦当劳进军中国，一炮打响。这就是细节的魅力。我们中国哪个餐馆企业在开业之前做过如此深入的市场研究。

曾国藩说：“古之成大事者，规模远大与综理密微，二者缺一不可”。这也就是我们通常称其为宏观与微观，战略与战术。后来，蒋介石读到这句话，把它从卷轶繁浩的《曾文正公全集》中摘出来，编入增补《曾胡治兵语录》的“治心”篇，让黄埔军校的每名军官都朝夕研读。可是，蒋介石虽然知道并欣赏曾氏的这句话，但在践行这句话方面，与自己的老对手毛泽东比起来，他蒋校长做得可就不怎么样喽。

有家招聘高级管理人才的公司，对一群应聘者进行复试。尽管应聘者都很自信地回答了考官们的提问，但最终却未被录用，只有怏怏离去。这时，一位应聘者走进考场后，看到地毯上有一个纸团显得很不协调。这位应聘者便弯腰捡起了纸团，准备扔进纸篓里。这时考官发话了："您好，朋友，请看看您捡起的纸团吧。"这位应聘者迟疑地打开纸团，只见上面写着："热诚欢迎您到我们公司任职。"几年后，这位捡纸团的应聘者成了这家著名公司的总裁。

有时是生活中很小的一件事，就能触动我们发明创造的那根触角，就能改变我们的命运，严谨细致是干好工作需要具备的基本素质，细节决定成败。

松下幸之助所言："无视细节的企业，它的发展必定在粗糙的砾石中停滞。"不少成功人士的实践经历告诉我们，关注细节不一定能使企业管理成功，但成功的管理必定在于细节处用心。从现企业的管理中，我深切地感受到很多领导人员正以身作则，向我们践行、引导着"见微知著，从细节中了解员工；言传身教，用细节纠正员工粗心的习惯；潜移默化，用细节感染员工"的理念。大凡什么事，只要用心去做，不能有丝毫的放松，就能达到最佳的效果，相反，轻率敷衍，得过且过，则一事无成。

许多事情的成败往往决定于一件微小的事，哥伦比亚号因为发射前一个小数点的计算错误而机毁人亡。一个小数点，在我们平时计算中也许微不足道，可关键时刻，却决定了七位飞行员的命运。我们怎么敢再说"一点小细节而已，别在意"呢？治学应注重细节，不要以"大行不顾细谨"为借口，大意了事，要知道，细节决定成败。

一代国学大师季羡林毕生致力于学术研究，为了了解更多不为人知的小细节，他出外探寻走进人迹罕至的小村落；为了小细节，他研究多年，最终成为国人敬仰的大师，这与他严谨的治学态度是分不开的。如果他只是粗略了解前人留下来的文献，遇上一些细节部分的内容不深究，现在，怕是没几个人知道"季羡林"这个名字吧。

细节决定成败，治学如此，做人亦是如此。相信大多数人都听说过“差不多先生”的故事。他总是说“差不多就可以了，何必太在意呢”。赶不上火车，只问：“一分钟与两分钟差不多，为何不等一等呢？”做错了事，也说“两者差不多而已”。笑过之后，我们应思考，不注重细节的“差不多先生”为何一次又一次失去成功的机会，最终在“人医和兽医差不多”的笑话中死去。做人不能“差不多”，应注重每一个细节，才能把握住机会，在成功的道路上更进一步。

一个著名企业家穷困时曾到垃圾堆捡垃圾，挑完之后，他总将垃圾装回原处，这一切被一位老板看在眼里，他说：“一个人能注重这一细节，为他人着想，在工作中一定可以顾及细节。”于是老板给了这个穷困的人机会，他最终取得了成功。细节决定成败，做人如此，做事更是如此。

为人处事或是学习，都不仅仅是把握大局就可以了。许多成功的关键总是隐藏在一些不被人注意的小细节中，你注意到了，便能走对路，你错过了，便可能失去这枚通往成功的钥匙。

胜在执行

“泰山不拒细壤，故能成其高；江海不择细流，故能就其深。”在中国，想做大事的人很多，但愿意把小事做细的人很少；我们不缺少雄韬伟略的战略家，缺少的是精益求精的执行者。作为单位的管理者必须改变心浮气躁、浅尝辄止的毛病，提倡注重细节、把小事做细。

把事做细需勤奋

有人说，成功之门总是虚掩着，看你有没有能力发现并推开它。其实，细节便是通向成功之门的关键。成败总在一瞬之间，将细节部分做好了，你只需轻轻一推，成功便在你的眼前。

培养注重细节的习惯，是个人与企业共同发展的必然要求，我们可以从以下几个方面着手去培养：重在坚持。细节是一种思维与行动意识的高效组合。谁都想做好每件事，但有的人就是做不好，一件事不是这里出错就是那里出错。不能说他们不努力，但问题就是发生了，原因就是没有坚持细节习惯的培养：一段时间做到了认真执着，一段时间又懒散松懈，做事有头无尾，总是半途而废，这样就无法真正养成注重细节的好习惯。

关注细节，需要勤奋，要勤观察，勤动手，勤思考，培养好习惯，是经过“曲不离口，拳不离手”，经过“韦编三绝”，最终实现“百炼成钢”的一个过程。每一个成功者所具备的成功品质与能力，都是由无数个细节习惯积累而成的。因此，一旦养成良好的细节习惯，就不会再被刻意坚持好习惯与纠正坏习惯的矛盾心情所累，相反那种水到渠成、收放自如的自控能力会让你于轻轻松松中胜人一筹。

不注重细节的人，在日常工作中往往对其他注重细节的人和事也不会正确对待，比如，他们会给精打细算的人冠以“斤斤计较、小家子气”的称谓，对善意的提醒会恶言相加，对关系自己生命安全的问题却常抱有侥幸心理，这都是主观上未对细节重视的行为体现。只有在思想上对细节足够重视了，才能对自己的行为严格要求。因此，要成为优秀的管理者和领导者，首先要改变旧观念，提倡细节决定成败的观念。

描绘宏图，谋划大事，做好企业管理，必须从大处着眼，从小事做起。细节存在于我们身边的每一件小事之中。节约一滴水、一张纸、一度电，养成随手关灯、关门窗的习惯是细节；所出具的数据、撰写的文章、产品的工艺指标都做到没有差错是细节；对经手的事，从时间、地点的确定，到准备什么、如何应对都有全盘考虑是细节；生产中减少跑、冒、滴、漏，实现安全无事故、设备无故障、装置长周期运行是细节；对每一个工艺指标的变化，每一台设备的维护及运行情况都做到心中有数，这些都是细节。当养成关注细节的习惯后，你就会发现，无论待人接物，还是工作进展，都会顺手许多，效率也会大大提高。

注重细节，需要培养自我控制的能力。每个人都兼具感性与理性，对大小琐事都想用理智来衡量是不可能的，而且大部分行为都是以感情为出发点的，这是人性真实的一面。通常因为别人的一句话，便耿耿于怀，动辄勃然大怒，血液充满大脑，根本无法自我控制，等到情绪过后，才懊悔当初，这是一般人的通病。因个人某方面致命的弱点或缺陷而归于失败的人不在少数。这样的人，一定要培养自我控制的能力，克服浮躁的情绪。要经常想到自己的弱点、自己的不足，既要自我崇尚、有信心，更要自我检查、随时修正，不断地自我完善、自我提高。只有能自我克制的人，才能不为外界环境所左右，静下心来的时候才能更加做好细节的小事。

对自己一定要“苛刻”。养成任何好习惯，都要从严要求自己。每天做好工作计划，准备好备忘录，事无巨细一件一件地完成。正如人们所说的，完成一件小事比计划中的大事更有效。对上级下达的工作任务，要身先士卒，争取每一件事情都做到位，不能敷衍了事。只有在一系列细枝末节上对自己严格要求，才能在不知不觉中让一直困扰自己的粗心大意的毛病渐渐地销声匿迹。

“千里之堤，溃于蚁穴。”如果说人生真有生命线的话，那么这条线是由无数的点组成的，每一个点就是一个小小的细节。细节决定命运，细节决定成败，细节导航人生的方向。细节，是一种动力，一种精神，一种创造。注重细节，体现了一个人的高深修养；善于做小事，体现了一个人的思想内涵；把细节做好，更能体现一个民族强大的竞争力。细节影响品质，细节体现品位，细节显示差异，细节决定成败！让我们从身边的小事做起，把细节做亮！

有人说：心太细，成不了大事；做大事者，不拘小节。这其实是对细心做事的一种误解。很难想象，一个成天“大概其”“粗枝大叶”“稀松平常”的人能成就大事。

“不积硅步，无以至千里，不积小流，无以成江海”。想成就一番事业，必须要从细节入手，一味追求伟大，追求与众不同，最终画虎不成反类犬。

随着社会分工的越来越细和专业化程度的越来越高，也就需要精细化管理，要求人们做事认真、精细，否则会影响整个社会系统的正常运转。所以我们无论做人还是做事，都要注重细节，从小事做起，把小事做细做实。真所谓成也细节，败也细节，一心渴望伟大，伟大却了无踪影；甘于平淡，认真做好每个细节，伟大却不期而至，这就是细节的魅力。

其实，小事也是大事，海尔集团总裁张瑞敏说过：“把每一件简单的事做好就是不简单，把每一件平凡的事做好就是不平凡。”

胜在执行

关注细节，需要勤奋，要勤观察，勤动手，勤思考，要培养好习惯。“曲不离口，拳不离手”，“韦编三绝”，经过勤奋艰苦的努力，最终才能功到事成。养成好的注重细节的习惯，必须纠正懒散、粗线条、大概其的坏习惯。

细心干好每一件事

中国不缺少雄韬伟略的战略家，缺少的是精益求精的执行者。不缺少各类管理制度，而缺少的是对规章制度不折不扣的执行者。一些细节就决定了工作的成败。在社会各行各业中，如何做好工作，关键在于是否抓住了一个“小”字和“细”两个字。对于敬业者来说，“凡事无小事，简单不等于容易”，学会做好每一件小事，想好每一个细节，注重细节的连贯性，把细节做好、做细决定了我们是否能成功。

作为一个企业管理者，要经营好一家企业，需从全方位的系统工程去考虑，需要各方面互相配合。从管理的常规工作抓起。认真对待每一件小事，在小事的细节中，做好各方面工作。举例说明，如在幼儿园安全工作中，不仅要做好安全管理，还要求教师做细幼儿园一日活动的安全检查：1、孩子早上来园检查孩子是否带来危险的玩具和孩子的身体状况；2、孩子在早操活动前检查场地是否存在安全隐患，如发现问题要立即处理；3、孩子在游戏中，老师要时刻关注孩子在游戏中是否有安全问题，在幼儿一日活动中一定要着重安全工作的细节。2011 年 11 月 28 日“甘肃正宁校车事故”的发生，就是幼儿园管理者的安全意识淡薄，没有着重安全细节管理；交通部门对超载车辆检查的执行力不够，造成 21 个孩子的伤亡。

世间上不论什么事，从最根本的角度来说，都是由一些细节构成的，在日常生活中，细节往往被我们忽视，随着社会分工的越来越细和专业化程度越来越高，也就需要精细化管理，要求人们做事认真、精细，否则会影响整个社会系统的正常运转。所以我们无论做人还是做事，都要注重细节，从小事做起，把小事做细做实。

作为一名管理者，在工作中必须把常规工作做到位，以身作则带领员工脚踏实地，从小事做起。要想比别人更优秀，只有在每一件小事上下功夫。不能只看到人家成功的辉煌，而很少去关注他们工作中对细节的用心。因此，要积极倡导：花大力气做好小事情，把小事做细。譬如要想把幼儿园的管理做好、做强，必须做到位才行。任何一个环节太薄弱都有可能导致幼儿园出现问题。因此，接了手的事必须按时、按标准完成，不能完成没有任何解释的理由；已做完的事情，自己检查认定完全没有错误再上报，不要等检查出了破绽或漏洞再辩解。把小事做细了，工作效率自然就提高了。

只有在工作中用心做事才能把事情做好。如果你热爱你的工作，你每天就会尽自己所能力求完美，而不久你周围的每一个人也会从你这里感染这种热情。对幼儿园的管理，从管理队伍到教职工，每个人在自己的工作岗位上尽心尽职做好自己的工作。在平时工作中我对班子严格要求，经常引导班子成员在管理工作中要注重细节，每做一件事都要深思熟虑，这种用心工作的作风，对周围的人起着潜移默化的作用，才使得我们的团队，从领导到教师，心往一处想，劲儿往一处使，为幼儿园的发展开创了崭新的局面。

我们应该清楚地认识到，对于抓好细节来说，领导重视是关键，譬如对幼儿园的管理来说，中层干部、一线骨干老师是幼儿园发展的中坚力量，他们的所作所为对整个幼儿园的发展有很大的影响，每个中层干部的思想、认识水平、责任心、管理能力对其幼儿园的发展都起着关键的作用。中层干部又是幼儿园承上启下的重要纽带，幼儿园的很多重大战略决策是靠中层干部来具体落实的，若不注重细节，只想做“大事”，又怎能贯彻落实好幼儿园的决策？当然，宏观决策必须做好，这也是作为领导者的必备素质，是根本性的东西，但没有细节就无法落实。事实上，幼儿园的许多重大策略主要是由幼儿园领导层做出的，中层干部的主要任务就是抓落实、抓细节。所以说幼儿园中层干部是抓好细节的关键，中层干部的培训、学习是非常重要的，对中层干部的严格要求，严格考核是幼儿园精细化管理的关键。

细心的实质是什么？细心实际上是一种长期的准备，从而获得的一种机遇。细心是一种习惯，是一种积累，也是一种眼光，一种智慧。只有保持这样的工作标准，才能注意到问题的细心，才能做到为使工作达到预期的目标而思考细心，才不会为了细心而细心。否则，再注重细心也是精心导演了一幕让领导过得去的演戏。

细心不是空喊出来的。细心就是一种积累的经验和习惯，关系着我们工作的方方面面。要想比别人更优秀，只有在每一件小事上下功夫。不能只看到人家成功的辉煌，而很少去关注他们工作中对细心的用心。作为一名管理者，抓好班子建设是关键，从我做起，严格要求自己，做好每个细心，用自己的一举一动去影响老师们，做孩子的好榜样。

胜在执行

作为一名管理者，在工作中必须把常规工作做到位，以身作则带领员工脚踏实地，从小事做起。要想比别人更优秀，只有在每一件小事上下功夫。不能只看到人家成功的辉煌，而很少去关注他们工作中对细心的用心。

第五章

正能量让执行更有成效

每个人身上都挂着两块牌子，前面一块写着：赞美我！后面一块写着：肯定我！如何冲破玻璃屋顶，如何让反应无力的狗跳起来，如何使一只猎狗不仅仅是为了一顿饭而工作。美国海军陆战队的做法是，不断向他的士兵重复：你们是精英！你们是精英！你们是精英！

正能量加油站：做个创新型员工

拿破仑说："世界上有两种东西最有力量，一种是剑，一种是思想，后者永远大于前者。"创新思维是企业发展的动力源，是企业长盛不衰的根本原因；同样，创新能力也是职场员工获得成功的关键所在。

创新对员工的意义，如同新鲜空气之于生命的意义。员工应该不断在思想上创新、观念上创新、技术上创新、知识上创新，才能确保在公司或人力资源市场上拥有自己的一席之地。

创新应该贯穿工作、生活的始终。但是，在日常工作中，更需要员工创新。从细微的事情开始创新，逐步培养自己的创新意识，进而培养整个部门乃至整个公司的创新文化。在这个日常工作中，我们每天都在呼唤着创新，希望运用创新来改变前途，那么究竟什么是创新呢？

一个低收入的家庭定出一项计划，使孩子能进一流的大学，这就是创新。一个家庭设法将附近脏乱的街区变成邻近最美的地区，这也是创新。想办法简化资料的保存，或向"没有希望"的顾客推销，或让孩子做有意义的活动，或使员工真心喜爱他们的工作，或防止一场口角的发生，这些都是很实际的、每天都会发生的创新实例。

什么叫创新？《伊索寓言》里的一个小故事给了我们一个形象的解释：

一个风雨交加的日子，有一个穷人到富人家讨饭。

"滚开！"仆人说，"不要来打搅我们。"

穷人说："求求你让我进去，我只想在你们厨房的火炉上烤干衣服而已。"仆人认为这不需要花费什么，就让他进去了。

突然，这位穷人请求厨娘给他一个小锅，以便他“煮点石头汤喝”。

“石头汤？”厨娘说，“我想看看你怎样能用石头做成汤。”于是她就答应了。穷人到路上拣了块石头洗净后放在锅里煮。

“可是，你总得放点盐吧。”厨娘说，于是她给他一些盐，后来又给了豌豆、薄荷、香菜。最后，把又把收拾到的碎肉末都放在汤里。

当然，你也许能猜到，这个可怜人后来把石头捞出来扔在路上，美美地喝了一锅肉汤。

如果这个穷人对仆人说：“行行好吧！请给我一锅肉汤。”那么他的结果肯定是被轰走。因此，伊索在故事结尾处总结道：“坚持下去，方法正确，你就能成功。”

创新并不是天才的专利，创新只在于找出新的改进方法。任何事情，只要能找出把事情做得更好的方法，就能取得更大的成功。培养创新能力的关键，是要相信能把事情做好，要有这种信念，才能使你的大脑运转，去寻求把事情做得更好的方法。

当你相信某一件事不可能做到时，你的大脑就会为你找出种种做不到的理由。但是，当你相信——真正地相信，某一件事确实可以做到，你的大脑就会帮你找出能做到的各种方法。人们为了取得对陌生事物的认识，总要探索前人没有运用过的思维方法，寻找没有先例的办法和措施去分析认识事物，从而获得新的认识和方法，用以锻炼和提高人的认识能力。创新就是不满足人类已有的知识经验，就是努力探索客观世界中尚未被认识的事物规律，从而为人们的实践活动开辟新的领域，打开新局面。没有创新能力，没有勇于探索和创新的精神，人类的实践活动只能停留在原有水平上，人类社会就不可能在创新中发展，在开拓中前进，人们所从事的事业就必然陷入停滞甚至倒退。

员工的可贵之处在于具有创新能力。一个有所作为的人只有通过创新，才能为人类做出自己的贡献，才能体会到人生的真正价值和真正幸福。创新能力在实践中的成功，更可以使人享受到人生的最大幸福，并激励人们以更大的热情去积极创新，实现更大的人生价值。

那么，对于职场人士来说，怎样才能带着创新精神去工作呢?

首先，你应该做到非常了解你的企业，这是员工为企业和老板提出创新意见的前提。盲目地说话会让老板对你失去耐心和信任。虽然你可能一直在企业中工作，对自己的工作环境和工作任务非常熟知，但是作为一名员工，你对企业的经营战略和发展规划却不一定十分熟悉。由于企业的外界环境在不断地发生变化，企业的战略及规划也要根据环境的变化而变化，所以如果不通过管理者或自己主动获取这些变化的信息，那么你就会慢慢地落后于公司的发展。即使提出了建议，也是没有多大价值和实际意义的。

其次，根据调查显示，员工的创新型建议，有 90%是不切合实际的。但你不要因为这一点而不敢向老板提出你的好建议。因为实际上不只员工如此，管理者的创新想法同样也有 90%是不切合实际的。理解了这一点，你也就不用担心提出的建议因为不切实际而被老板笑话了。如果你提了 10 条建议，只有其中的 1 条或 2 条是有价值的，那这一点创新火花就足以让企业保持发展的活力了。

第三，提建议前的深思熟虑是很有必要的。有的员工不管自己的老板喜不喜欢听人意见，盲目上书，结果刚愎自用的老板往往会拒绝接受甚至对你产生反感。如果你的老板从谏如流，和善近人，也鼓励员工将自己的想法说出来。那么你就应该积极主动大胆地向你的老板提出你的建议。

此外，你必须学会细心观察，若你能够仔细地审视目前工作的内容和环境，你就会立刻发现一大堆需要马上解决的事情。你应多多思考如何使公司经营更具效率的问题，每天至少 30 分钟，每次应该思考多个问题，如此一来获得有用方案的概率就会较高。

此外，勇气和胆量也很重要。你在追求创意时，尚未获得一个完整的有价值的成体系的创意之前绝不可轻易罢手。因为创造的过程就是探索的过程，期间充满了未知和各种各样的变数。所以在这个过程中由于太多的不确定是很容易就动摇的，这样连自己都没有自信的创意，如何能说服你的老板和上级，让他们相信你的创意是值得一听、值得一试的呢？

胜在执行

信心对于提高创意的成功率是至关重要的，一旦你动摇犹豫了，你的一切努力可能都会变得徒劳。

变化性的鼓励更有影响力

激励体系是指，通过对特定的目标对象以刺激，鼓励等手段的综合运用，使其能够认同激励者的培养目标，并通过自己不断的努力达到该目标的一种过程。如今，该体制广泛应用于各个企业中。鼓励更需要分为不同阶段，不同任务的鼓励，不断变化的鼓励，会更具有说服力。

松下幸之助经常给员工提出一种相当现实的奋斗目标，使公司的员工在劳动和工作中有奔头。例如，在“长期工的协定”中规定，在1966至1971的五年间，工资增长一倍；在同一时间里，又提出了“生产率倍增计划”，这两个相对应的协定，大大刺激了员工的劳动积极性。这些规定后来都实现了。

从这里可以看出，松下把劳动者的物质福利和整个公司的生产成果紧紧地连结在一起，让劳动者关心并看得见自己的劳动成果。

另外，松下公司实行奖金制度，在每年7月和12月分两次兑现。奖金额多少取决于企业生产经营的好坏，这就使得每一个员工都关心自己企业的经营活动和生产活动。

1960年1月，松下幸之助在经营方针发表会上说："5年后，将实行周休两日，每日劳动时间8小时。"按照这一预定方针，松下公司于1965年4月在日本最先实行了这个制度。值得一提的是，这个制度在实行前花了5年的准备时间。尽管这样必然会增大员工的劳动强度，但却实现了“周休二日制”，让员工感到自己期望的目标在一定程度上得到了实现，心理上有种满足感，主动性和积极性就会随之提高。

无独有偶，通用电气公司同样通过激励的方式来进行更高效的管理。通用电气公司对员工有着一套相当完善的考评制度。公司 CEO 韦尔奇随身都会携带一个笔记本，上面画满了图表，每个部门都有相关的图表，反映每个员工的情况。这是一个动态的评估，每个人都知道自己所处的位置。第一类占 10%，他们是顶尖人才；次一些的是第二类，占 15%；第三类是中等水平的员工，占 50%，他们的变动弹性最大；接下来是占 15% 的第四类，需要对他们敲响警钟，督促他们上进；第五类是最差的，占 10%，我们只能辞退他们。根据业绩评估，每个员工都会知道他们处在哪一类，这样没有人会抱怨得不到赏识。第一类员工会得到股票期权，第二类中的大约 90% 和第三类中的 50% 会得到股票期权，第四类员工没有奖励。图表是最好的工具，哪些人应该得到奖励，哪些人应该打道回府，一目了然。奖赏对员工而言，不应是可望而不可及的，就像鼻子碰着玻璃而穿不过去那样，他们能得到他们应得的。精神鼓励和物质奖励都是必要的，两者缺一不可。对于高层管理人员，GE 公司鼓励鼓励他们在工作上相互竞争，但不要有个人恩怨。韦尔奇的做法是将奖赏分为两个部分，一半奖励他在自己的业务部门的表现，另一半奖励他对整个公司发展的贡献。如果自己部门业绩很好，但对公司发展不利，则资金为零。

韦尔奇一向鼓励员工勇敢地展示自己，谈出自己的看法，争取上司的赏识。“我希望员工能充分发挥潜能，提出他们的建议，而我会为他们提供各种资源。这样员工们给我的将是许多建议和计划，我可能会说：‘我不喜欢这个想法，但那个主意非常好’。这样的交流更有创意。”在今天 GE 的各个部门，每当公司取得一些成绩，他们都会把生产线停下来，大家一起出去庆祝。GE 公司每位员工都有一张“通用电气价值观”卡。卡中对领导干部的警戒有 9 点：痛恨官僚主义、开明、讲究速度、自信、高瞻远瞩、精力充沛、果敢地设定目标、视变化为机遇以及适应全球化。这些价值观都是 GE 公司进行培养的主题。也是决定公司职员晋升的最重要的评价标准。

一只猎狗在追赶一只野兔，没有追到，结果遭到了野兔的嘲笑。猎狗说：“对于我这只是一份工作，对于你却是生命。我已经尽力了，可你是拼命地跑。”

激励，导致不同的行动和结果。

胜在执行

作为管理者可能只有员工在犯了错误时才指出并责令其改正，而对好的业绩却闭口不谈，这对员工是不公平的。管理者的职责不仅仅要纠正员工错误的行为，而且还要发现好的行为及时给与表扬，这样才能取得最佳的效果。

团队中要适时引入“鲶鱼

自然界中无疑都遵循着“优胜劣汰”的自然法则。有这样两个故事：

国外一家森林公园曾养殖几百只梅花鹿，尽管环境幽静，水草丰美，又没有天敌，而几年以后，鹿群非但没有发展，反而病的病，死的死，竟然出现了负增长。

后来他们买回几只狼放置在公园里，在狼的追赶捕食下，鹿群只得紧张地奔跑以逃命。这样一来，除了那些老弱病残者被狼捕食外，其他鹿的体质日益增强，数量也迅速地增长着。

西班牙人爱吃沙丁鱼，但沙丁鱼非常娇贵，极不适应离开大海后的环境。当渔民们把刚捕捞上来的沙丁鱼放入鱼槽运回码头后，用不了多久沙丁鱼就会死去。而死掉的沙丁鱼味道不好销量也差，倘若抵港时沙丁鱼还存活着，鱼的卖价就要比死鱼高出若干倍。为延长沙丁鱼的存活期，渔民想方设法让鱼活着到达港口。

后来渔民想出一个法子，将几条沙丁鱼的天敌鲶鱼放在运输容器里。因为鲶鱼是食肉鱼，放进鱼槽后，鲶鱼便会四处游动寻找小鱼吃。为了躲避天敌的吞食，沙丁鱼会自然地加速游动，从而保持了旺盛的生命力。如此一来，一条条沙丁鱼就活蹦乱跳地回到渔港。

这种被对手激活的现象在经济学上后来被称作“鲶鱼效应”。

团队管理也是这个样子。无论是传统型团队还是自我管理型团队，时间久了，其内部成员由于互相熟悉，就会缺乏活力与新鲜感，从而产生惰性。尤其是一些老员工，工作时间长了就容易厌倦、懒惰、倚老卖老，因此有必要找些外来的“鲶鱼”加入团队，制造一些紧张气氛。

从马斯洛的需求层次理论来说，人到了一定的境界，其努力工作的目的就不再仅仅是为了物质，而更多的是为了尊严，为了自我实现的内心满足。

所以，当把“鲶鱼”放到一个老团队里面的时候，那些已经变得有点懒散的老队员迫于对自己能力的证明和对尊严的追求，不得不再次努力工作，以免被新来的队员在业绩上超过自己。否则，老队员的颜面就无处安放了。

而对于那些在能力上刚刚能满足团队要求的队员来说，“鲶鱼”的进入，将使他们面对更大的压力，稍有不慎，他们就有可能被清出团队。为了继续留在团队里面，他们也不得不比其他人更用功、更努力。

可见，在适当的时候引入一条“鲶鱼”，是可以在很大程度上刺激团队战斗力的重新爆发的。在这一方面，日本的本田公司就做得非常出色，值得我们借鉴。

有一次，本田对欧美企业进行考察，发现许多企业的人员基本上由三种类型组成：一是不可缺少的干才，约占二成；二是以公司为家的勤劳人才，约占六成；三是终日东游西荡，拖企业后腿的蠢材，占二成。而自己公司的人员中，缺乏进取心和敬业精神的人员也许还要多些。

那么如何使前两种人增多，使其更具有敬业精神，而使第三种人减少呢？如果对第三种类型的人员实行完全淘汰，一方面会受到工会方面的压力；另一方面，又会使企业蒙受损失。其实，这些人也能完成工作，只是与公司的要求与发展相距远一些，如果全部淘汰，这显然是行不通的。

后来，本田先生受到鲶鱼故事的启发，决定进行人事方面的改革。他首先从销售部入手，因为销售部经理的观念离公司的精神相距太远，而且他的守旧思想已经严重影响了他的下属。必须找一条“鲶鱼”来，尽早打破销售部只会维持现状的沉闷气氛，否则公司的发展将会受到严重影响。

经过周密地计划和不断地努力，本田先生终于把松和公司销售部副经理、年仅35岁的武太郎挖了过来。武太郎接任本田公司销售部经理后，凭着自己丰富的市场营销经验和过人的学识，以及惊人的毅力和工作热情，受到了销售部全体员工的好评，员工们的工作热情被极大地调动起来，活力大为增强。

公司的销售出现了转机，月销售额直线上升，公司在欧美市场的知名度也不断提高。本田先生对武太郎上任以来的工作非常满意，这不仅仅是因为他的工作表现，还因为销售部作为企业的龙头部门带动了其他部门经理人员的工作热情和活力。

“鲶鱼效应”在组织人力资源管理上，一个作用表现为带动作用。因为那些“鲶鱼”有着较高的个人素质、较强的业务能力和较强的个人感召力，周围的人群总是在关注着他们，不管他们手中有没有权力，他们的积极性、主动性都会通过言行去影响和感化周围的人群，使周围的人群不知不觉中能够仿效并追随。

“鲶鱼效应”的另一个作用表现为刺激作用。“鲶鱼”的活动能力会打破现有的平衡，他们的积极向上、领导对他们的关注和支持以及他们待遇上的巨大变化，会给周围的人群带来压力，会刺激周围人群的自尊心，在“你能我也能”的强烈意识支配下，引导得当，则会出现“比、学、赶、超”的良好局面。

“鲶鱼效应”的作用在于调动大家的积极因素，有效激活员工工作的热情和激情，让员工在刺激作用的驱动下，展现活力，使之更好地为企业的发展服务。

美国营销大师爱玛·赫伊拉曾说：“不要卖牛排，要卖煎牛排的滋滋声。”因为滋滋声也是一种刺激，颜色是视觉的刺激，声音是听觉的刺激，味道是味觉的刺激，手感是触觉的刺激，感觉是体验的刺激。

可以说，刺激在企业管理中无处不在，这种科学的刺激方式，可以使员工受到积极的影响，继而产生沙丁鱼般活蹦乱跳的动力。

因此，作为一位高明的企业管理者，要明白做好现代企业管理，当一个组织的工作达到较稳定的状态时，常常意味着员工工作积极性的降低，“一团和气”的集体不一定是一个高效率的集体，这时候“鲶鱼效应”将起到很好的“医疗”作用。

胜在执行

一个组织中，如果始终有一位“鲶鱼式”的人物，无疑会激活员工队伍，提高工作业绩。

心里有全局，工作不迷糊

作为一个单位的领导者或管理者，不管是负责局部部门的工作，还是负责整体部门的工作，不管是负责上级部门的工作，还是负责下级部门的工作，都要具有全局观念、整体观念。京剧界有个术语，叫“一棵菜”精神，说的是演一台戏，各个角色的演员在台上表演，要相互配合、相互照顾、相互协调，共同把这台戏唱好。同样，作为一个部门、一个单位的管理者、领导，在工作中也要具有大局观念和全局一盘棋观念，照顾到各种关系、各种利益。全局观念应是每个优秀管理者在工作中的必备素质。

管理者具备全局观念，就能做到：(1) 通观全局“向前看”，用宏观战略眼光分析问题。(2) 抓住“关键”集中力量解决主要问题。抓住关键，实际上就是要抓住主要矛盾。(3) 跳出框框，用联系和发展的眼光分析问题。不能只在眼前的事务里打圈子；不要固守一成不变的框框；要看到事物都是相互关联的，不能只片面地强调某一方面。(4) 知微见著，透过现象看本质。分析事物要看本质；要看事物的主流。(5) 排除干扰，朝着既定的正确的方针和目标坚定不移地干下去。

曾经有这么一则报道，有四十多人参加一个咨询公司的招聘考试，应聘者多半是这个行业出色的精英人物。试卷总共是 12 页，50 道题，要求在 30 分钟内完成。当时很多应聘者都充满了不满与抱怨，有些甚至弃笔离场。最后考试时间到了，许多人还在拼命答题。这时主考官问有没有人做完，其中有一位小伙子举了手。主考官很高兴，要求他把试卷拿起来。主考官当着这么多应聘者的面，一页一页翻着小伙子的试卷给大家看。1 页、2 页……11 页，全是空白！当翻到 12 页时，只见试卷上写着：第 47 题，“如果你见到本题，前面所有的题目都不用回答，直接做最后两道题。”很明确告诉大家，这次考试只要做第 49 题与第 50 题就可以了，所以说半个小时的时间应该是足够了。最后主考官解释道：“我们是一家咨询公司，我们需要能全面考虑问题，有全局观念的人，他能为客户提供最合理最有效最简洁的答案。”其实作为其他企业又何尝不需要这样的管理人员？目前集团中高层管理人员正在全面推行品行考评机制，其中的一项考评维度就是“全局观念”，这里暂且不去讨论当初选择的原因，但至少说明了具备全局观念对中高层管理人员的重要性。

所谓全局，是事物诸要素相互联系、相互作用的发展过程。从空间上说具有广延性，是指关于整体的问题；从时间上说具有延续性，是指关于未来的问题。

全局观念是指一切从系统整体及其全过程出发的思想和准则，是调节系统内部个人和组织、组织和组织、上级和下级、局部和整体之间关系的行为规范。而对于具有全局观念的人则会从组织整体和长期的角度，进行考虑决策、开展工作，保证企业健康发展。

全局观念，简单地说就是想事、做事一切从大局出发，从长远考虑，富有系统性、规划性与全面性。具有全局观念的人能正确调节个人与组织、上级与下级、局部与整体之间的关系，并从整体与长期的角度，进行考虑决策、开展工作。

如果单从全局观念划分，企业中一般会存在着这样四类管理人员：第一类是工作思路混乱，不分轻重缓急；不按公司的规章制度办事，对企业的战略目标理解不够明确，通常只为自己或所在部门的利益考虑。第二类是工作思路浅显，重点不够突出；基本能按照企业规章制度办事，对于企业的战略目标初步明确，并粗略地以此为基础安排工作，但不能把企业当作一个整体来看待。第三类是工作思路清晰，重点突出；严格按照企业制度办事，对企业的战略目标有准确的理解，并以此为出发点，安排各项工作；将企业看作一个整体，决策时能全面考虑；在顾全大局，勇于奉献上，起带头表率作用。最后一类是从企业整体的角度考虑问题，恪守企业制度；对企业的战略目标了然于胸，并能有详细的实施步骤；倡导团队间精诚合作，为企业无私地奉献自己。很显然，如果企业的管理人员都属第一类或第二类，那势必会影响企业的发展，从而使企业走向衰落，甚至灭亡。

优秀管理者的个人特质：1、认清局势。深刻理解组织的战略目标，组织中局部与整体、长期利益与短期利益的关系，以及其他各关键因素在实现组织战略中的作用。2、尊重规则。有较强的法律、制度意识，尊重企业运作中的各种规则，不会为局部小利而轻易打破规则和已经建立的平衡与秩序。3、团结协作。倡导部门间相互支援、默契配合，共同完成组织战略目标。4、甘于奉献。明确局部与整体的关系，在决策时能够通盘考虑；以企业发展大局为重，在必要时能够勇于牺牲局部“小我”和暂时利益，为企业战略实现和长远发展的大局让路。

管理者如何增强自己的全局观念呢？首先，作为企业的管理层必须要认清局势，深刻理解企业长远的战略目标和近期的经营目标，清晰企业中局部与整体、长期利益与短期利益的关系，以及其他各种关键因素在实现企业战略目标中的作用。其次要尊重规则，有较强的法律、制度意识，尊重企业运行中的所有规则，不因个人或局部利益而打破规则，扰乱建立的平衡与秩序。第三，要有团队意识与团结协作能力，所属部门或班组之间必须相互帮助、密切配合，倡导无缝连接。这样才能保证工作目标的完成。

胜在执行

企业管理人员要有奉献精神，以企业的大局为重，在决策时要通盘考虑，在必要时候勇于牺牲自我，为企业战略实现和长远发展的大局让路。

对待员工的态度决定着团队的未来

1852年秋天，屠格涅夫在打猎时无意间捡到一本皱巴巴的《现代人》杂志。他随手翻了几页，竟被一篇题名为《童年》的小说所吸引。

作者是一个初出茅庐的无名小辈，但屠格涅夫却十分欣赏，钟爱有加。他四处打听作者的住处，最后得知作者两岁丧母，七岁丧父，是由姑母一手抚养照顾长大的。屠格涅夫更是给予了作者极大的同情的关注，屠格涅夫找到了作者的姑母，表达他对作者的欣赏与肯定。

姑母很快就写信告诉自己的侄儿："你的第一篇小说在瓦列里扬引起了很大的轰动，大名鼎鼎、写《猎人笔记》的作家屠格涅夫逢人便称赞你。他说：'这位青年人如果能继续写下去，他的前途一定不可限量！'"

作者收到姑母的信后惊喜若狂，他本是因为生活的苦闷而信笔涂鸦打发心中寂寥的，由于名家屠格涅夫的欣赏，竟一下子点燃了心中的火焰，找回了自信和人生的价值，于是一发而不可收地写了下去，最终成为具有世界声誉的艺术家和思想家。

他就是《战争与和平》《安娜. 卡列尼娜》和《复活》的作者列夫·托尔斯泰。

台湾作家林清玄青年时代做记者时，曾报道过一个小偷作案手法非常细腻，犯案上千起，文章的最后，情不自禁感叹道："像心思如此细密，手法那么灵巧，风格这样独特的小偷，做任何一行都会有成就的吧！"

林清玄不曾想到，他20年前无心写的这几句话，竟影响了一个青年的一生。如今，当年的小偷已经是台湾几家羊肉炉的大老板了！在一次邂逅中，这位老板诚挚地对林清玄说：“林先生写的那篇特稿，打破了我生活的盲点，我想，为什么除了做小偷，我没有想过做正当事呢？”从此，他脱胎换骨，重新做人。

在企业中，经常赏识员工就能挖掘出员工的潜力，员工不仅创造生产价值，生产出优质优价的产品，更能为企业出谋划策，树立主人翁意识，促进企业的发展。

哲人詹姆士曾说：“人类本质中最殷切的要求是渴望被肯定。”同样，美国心理学家马斯洛的需要层次论也提到人类的一种高级需求是被人肯定，而赏识的过程正是肯定一个人的具体表现。

赏识需要管理者善于发现员工身上的“闪光点”，哪怕是一丁点儿的光亮，也要用放大镜来“看”。赏识是一种关爱，它需要管理者找到施爱的方法和艺术，把对员工的赏识具体化，让员工从日常工作中感受到管理者真切的关怀和爱护。

赏识更是一种激励，管理者在承认差异、尊重差异的基础上通过赏识引导员工扬长避短，释放潜能，勇敢积极地去努力进取。

通过以下一个例子，我们可以来分析出赏识在管理中所起的作用。

假设某公司一个团队中有三个成员，分别为 A 员工、B 员工、C 员工。其中 A 员工表现突出，最能得到上司的赏识，B 员工表现一般，C 员工的表现却不尽如人意。

情景一：A 员工平时工作比较努力，在团队中一直表现不错。可是，过不了多久 A 员工却“泯灭众人矣”，很快便离开了公司。

分析：有些领导认为员工做得好是应该的，公司为员工提供良好的待遇，优质的平台，员工努力工作是正常的，有了成绩也不应轻易表扬，做得不好才应该批评。结果是员工开始对公司失去信心，团队变得没有激情，员工们都抱着“做一天和尚撞一天钟”的态度，丧失了对工作的热情。

情景二：领导会经常将B员工与A员工做比较，要求B员工向A员工学习，争取能赶上A员工。而B员工却很不服气，注意力不在如何改进自己，而是挖空心思去挑A员工的毛病；A员工也发现，原来“出头鸟”不是那么好当的，结果就变得不那么优秀，甚至还偶尔犯点小错，不愿被领导再当作“榜样”。

分析：很多企业的佼佼者，最后成为众矢之的，往往是由领导一手造成的。拿一个反应迟钝的员工去和一个反应机敏的员工比较，当然会把前者比得信心全无。然而或许前者虽然迟钝，但做事却更有耐心和韧劲儿，而后者在此方面与前者比却有一定的差距。因此，不要养成拿员工做比较的坏习惯，要善于发现每个人身上的闪光点。

情景三：由于业绩非常不理想，领导常常拿C员工开刀，只要做错了一点事就对他破口大骂，每次会议都被当作反面教材批评。C员工在这样的环境里果然越做越不好，最终的结果就是被无情地淘汰。

分析：现在，许多领导总是惯于拿自己目前的能力去衡量下属，以自己做事的方法去要求员工。殊不知很多事情需要一个过程，从失败慢慢走向成功。可领导们只看到失败的结果，缺乏一种换位思考的习惯，不知道体谅员工。在不断地给员工输入负面信息之后，员工逐渐丧失了对工作的信心，导致产生“破罐子破摔”的心理。

同样是A、B、C三个员工，运用赏识管理，方法却截然不同：首先，当A员工的表现越来越突出时，作为管理者一定要加倍肯定，并激励他要超越自己，不要满足于一点成绩就沾沾自喜，而应不断创新，做到越来越好。有些看上去虽然远胜其他员工，可事实上和他的原有表现相比还有倒退，那就更应找时间和他谈心，而不是一味去表扬。

其次，对B员工来讲，可以做比较，但要比的同样是他自己的过去，如果有一点点的进步，就请你表扬他。

再次，对C员工而言，由于他的基础要比前两位差，犯错的概率也比较多，我们这时要做的应是：第一，肯定自己当初没有看错人，不要轻易否定自己当初的选择；第二，他是弱者，但不一定没有闪光点，善于捕捉他的优点并经常给予赞美；第三，分配工作时，根据其擅长的安排，不要让他做超出能力范围的事；第四，在他有一点点的成就时，立即给与表扬；第五，在他受到挫折时，给他最大的支持与鼓励，让他觉得你没有放弃他。

作为企业领导要善于赏识你的员工，既然已经通过层层面试把关把他招聘进公司，你就有培育、辅导他的义务，按照企业的要求来塑造他、赏识他，教他怎么做，把他的能力发挥到极致。使员工在“我能做好”“我是一个好员工”“我将是一个优秀的员工”的心态中，爆发出他们的潜能和巨大的工作积极性和创造性。

尝试着给你的员工一些欣赏吧，也许你会发现你的员工将会回馈给你一个惊喜的改变——工作的质量、速度和效率，工作的氛围和团队的凝聚度，企业的产品与服务质量，顾客的增加与忠诚，企业的利润与效益……

胜在执行

赏识下属、激励员工有时是不需要付钱的，但需要你做有心人，善于发现员工细小的变化和进步，及时进行鼓励，有错误支出来帮他改正，使他们快速与公司一同成长，掌握了这个利器，你就离领导型的管理者不远了。

每个员工都为改进工作而费心

在那些充满凝聚力的公司中，员工通常也是充满向心力的：他们专业、热心，富有激情，最主要的是每个人都为了改进工作而费心。

（1）鼓励员工主动改进自己的工作

当每位员工都不躺在自己的“功劳簿”上，当一个企业里的所有员工都对自己的工作不满足时，无数改进工作的点子就会爆发。

员工改进工作的行为不应该只靠自觉性，还需要企业的鼓励。鼓励本身就可以给员工带来正动力，一个人的积极行为如果能够获得鼓励，他就会更加乐于做这件事，并越发追求高标准。

所以，身为管理者，不是替员工去改进工作，而是要鼓励员工自发地改进工作。

（2）永远关注可以改进的地方

有许多人说：“我也想改进我的工作，但是我不知道怎么改进。”改进工作，源自一种永不满足的心态，要求的是眼光永远关注在“可以改进的地方”。

以往，员工不改进自己工作的借口通常是：“过去的工作都是这样的。”

“这里不能再改进了。”

“我也想改进我的工作情况，但是事实是不能再改进了。”

“现在这已经很好了，还想怎么样？”

这种看似有理的话其实是员工循规蹈矩、墨守成规的一种借口。为改进工作而费心，不是一项劳动，而是一种心态和思维习惯。

如果你习惯于关注于事物不能改进的地方而不是它可以改进的地

方，习惯于关注事物的过去而不是未来，习惯于重复自己以往的劳动而不是创新，那么你很难改进自己的工作，因为你的眼光没放在那里。

《西游记》里有一种人参果，这种长得像小娃娃，传说中吃了能长生不老的果子事实上不存在。但是最近，我在北京的超市买到了这种果子，外观和小娃娃一样，吃起来口感也不错——它其实是果农们精心种植出来的梨，生长的时候被放在了模具中，梨还是梨，外观却大大不同了。据我所知，这种娃娃梨卖得非常好，利润十分可观。

这就是改进工作的一个例子——同样都是种梨，你不可能改进梨的物质组成（梨还是梨），但是你却可以改进梨的外观；你可以循规蹈矩地种梨，也可以思考一下怎样把你种梨的过程改进下，使它变得“不那么一样”。

（3）把永不满足的热情发散到员工中

微软公司作为全球最成功的企业之一，在过去的二十多年里为全世界数以亿计的用户提供了无数杰出的软件产品，它改变了人们的生活，同时获得了巨大的回报。在管理杂志以及各种研讨会上，关于微软的讨论有很多。微软公司走向成功也是各种原因的总和，如领先的技术、杰出的领导、独特的文化……在这里，我觉得最需要说的是他们优秀的团队和追求卓越的企业文化。

微软的企业文化是“永不满足”“勇于面对挑战”，最能说明微软公司这精神的是比尔·盖茨的一句话：“每天清晨当你醒来时，都会为技术进步及其为人类生活带来的发展和改进而激动不已。”也是这种使命感和雄心壮志使微软公司在市场中崛起，一次又一次向新的高峰发起挑战，在 DOS 系统最成功的时候，微软就决定要自己取代自己的产品。为了 Windows（视窗系统）的研究，微软倾注了极大的投入，因为当时微软公司的 Word（文字处理软件）和 Excel（电子表格软件）还远远落后于他们的竞争对手，保险的做法（通常的企业都会这么做）

是，先投资于 DOS 系统上的 Word 和 Excel，等研究成功了再投注于新产品，但是微软不那样做。推翻自己需要勇气，也需要决心，对于微软来说，这一切只是最自然的事，因为他们的文化就是如此。

微软的企业文化要求员工们要有不畏挑战的精神，这种文化还使企业拥有不断向上的动力。有一个广为流传的微软故事：一位微软的市场经理在刚刚加入微软时，曾带着微软的产品去参加一个大型电子产品展览，在那次展览中，微软的产品获得了 10 项大奖中的 9 项。他回来后非常高兴地给全组发了庆贺邮件，告知大家这个好消息，并邀请大家去庆祝。

但是在之后的短短一小时内，他收到了十多封令他震惊的回信，全是询问：

“我们没有得到的奖项是哪一项？”

“我们为什么没有得到那个奖项？”

“那个奖项属于谁？我们的缺陷在哪里？”

“我们怎么才能在明年获得这个奖项？”

他被这些回信震惊了，那一刻他深深地明白了微软为什么会如此卓越。

当这种自我批评、追求卓越和永不满足的企业文化深深根植于员工的头脑中时，它就成了公司的灵魂。有句话叫“没有什么能够阻挡一个无所畏惧的灵魂”，对于企业的发展也是如此。

杰克·韦尔奇是通用电气的前任 CEO，2000 年前后，通用电气公司实现了全球第一的盈利，市值位居世界第二。《财富》杂志在介绍杰克·韦尔奇的成功理念时，其中之一就是“在被迫改革之前就进行改革”，可见在通用电气公司中，员工们永远不满足于当时的成就，一直在追求卓越。

事实上，面对激烈的竞争，每个人都不应该满足于现状，要不断地超越平庸，追求完美，事物永远没有“够好”的时候，只有把它“做到最好”才能真正成功。这也是世界500强企业优秀员工的经验之谈。

卓越是什么？它并不是一个标准，而是一种境界。卓越也不是单纯的优秀，你可以理解它是优秀中的最优。追求卓越的公司和员工总是致力于将自身的优势、能力以及所能使用的资源发挥到极致。

胜在执行

当员工具有主人翁精神，勇于质疑自己，并追求卓越，将“不断地改进自己的工作”变成一种习惯时，他们也会从中学到更多的知识，积累更多的经验，能够从全身心投入工作的过程中找到快乐，并获得更多的回报。

第六章

规章制度强化执行力

一个企业拥有一流的制度，其员工往往能在科学合理的规范下工作，使各项工作有章可循，从提高管理效率与质量，形成一个良好的企业文化。在此基础上，企业才能进入到一流的行业。换言之，一流的企业必须有一流的制度，一流的制度是保证企业良性发展的根本。

一流企业用制度管人

《孙子兵法》指出：要规定明确的法律条文，用严格的训练整顿军队，对士兵过于宽松，过于爱怜，结果会导致士兵不能严格执行命令，部队陷入混乱而不能加以约束。当前企业面临的竞争，其残酷程度不亚于冷兵器时代战场上的血肉拼杀，如果企业没有严明的制度，做不到令行禁止，是不可能在竞争中取胜的。

规矩、秩序、制度的重要性不言而喻，当一个团队缺少规章、制度、流程时，团队就很容易陷入混乱，这是非常糟糕的事情。要想让企业完成从人治到“法治”的转变，首先要制定完善合理的制度，其次还要让制度产生威慑力，让大家严格执行制度。只有这样，你的公司才会在硬性制度的规范下，稳定有序、高效率地运营。

一家工厂的工人盗窃了厂里的产品，虽然盗窃的产品数量不大，但性质恶劣，属于盗窃。由于这个工人是厂里的老员工，平时找他帮忙的同事很多，大家与他关系都不错。于是乎，当老板准备依据公司的制度惩罚这位老员工时，很多员工都来为老员工求情，有人说：“原谅他吧，只要他知错就好了。”有人说：“少数服从多数嘛！”

厂长理直气壮地说：“厂里的规章制度通过了大家的认可才出台的，既然有了制度，就要按制度办事，绝不能徇私情。”结果，那名老员工受到了制度的严惩，虽然当时厂长有点被孤立的感觉，但是时间一长，大家都理解他的做法，而此后厂里的盗窃案也少了很多。

在这件事中，如果厂长不顾厂里制度，顺从了大多数人的意见，不处理或从轻处罚那名偷窃的员工，不仅厂里的偷盗之风得不到遏制，厂规厂纪也会变成一纸空文。届时，厂里一片混乱，厂长的威信扫地，那才是真正的孤立。由此可见，制度出台之后，就要严格执行，绝不能找借口，公然违背制度的规定。只有按制度办事，才能维护制度的威信，才能遏制不正之风，维护企业的利益。

一流的企业用制度管人，二流末流的企业用人管人。看看国内外著名的企业，它们几乎高度一致地认同用制度管人。比如，日本东芝公司规定，女工严禁擦粉，男工必须刮净胡子，操作时绝对禁止说话、咳嗽、打喷嚏，以防空气振动，扬起尘埃。正是对工作间的卫生有如此苛刻的要求，于是我们看到了东芝电子产品的“容光焕发、姣美可爱”，备受世界欢迎。

俗话说：“打天下容易，守天下难。”当企业经历了创业的艰难期，在市场上站稳脚跟之后，管理者们开始意识到：用创业时的管人管事的方法来管理企业已经行不通了，于是他们迫切需要一个公平合理的企业制度来规范企业，因为优秀的企业制度才是成就伟大公司的保障。

在如今这个日新月异的时代，企业的外部环境时刻都在发生变化，因此，企业的制度也应该与时俱进，根据企业内外部环境的变化，适时地进行调整，使其更符合企业发展的需要，这样才能保证企业获得长足的发展。

杜邦公司创立于 1802 年，至今已有二百多年的历史，是世界 500 强企业中寿命最长的企业之一。它的长寿与杜邦家族不断进行制度调整、改革、创新有直接的关系。

在杜邦公司的发展早期，公司的管理明显带有个人英雄主义色彩，公司所有事务都由创始人亨利·杜邦一人说了算。这种管理模式持续了 39 年，并且取得了不错的效果，但是当亨利卸任之后，杜邦公司由于缺少优秀的制度，马上陷入了混乱。由于继承人管理经验不足，公司效益迅速衰退，差一点就倒闭了。

面对危机，杜邦公司废除了单人决策的管理模式，制定了集团式的管理模式。杜邦家族成员不再事必躬亲，而是让执行委员用制度去管理公司。这样大大提高了管理效率，促进了公司的发展。在杜邦公司后来的发展过程中，公司不断结合客观环境的变化和企业发展的需要，适时调整和完善公司制度，这是杜邦公司获得持久发展的重要原因。

从最初的个人英雄主义，到后来的用制度管理公司，这是杜邦公司的一大进步。在杜邦家族的历史上，不乏响当当的大人物。但是，二百多年过去了，有多少人还记得他们？但是杜邦的员工却在公司制度的规范下，持续不断地前赴后继，为公司做贡献。这说明打造一个伟大的企业离不开优秀的制度。

作为一个管理者，你是否有时会感到焦头烂额呢？由于员工不规则的操作，或细枝末节上的琐事，你是否会烦恼呢？其实，要想消除这一切烦恼，你只需要一个完善合理的制度。它就像一把锋利的剑，可以为你斩断一切纷扰。合理的制度可以使企业纷繁复杂的事务处理起来变得简单，你再也不需要在琐事上投入大量宝贵的时间。

其实，对任何一个企业来说，用制度管理公司、并不断创新和完善制度，才是企业“定江山”的法宝。管理者一定要认识到完善合理的制度对企业发展的意义和作用。

完善合理的制度维护了公平与正义，使员工感到制度是对事不对人的，这样他们更愿意遵守制度、自觉地维护制度。这是打造和谐团队的根本。由于制度公平合理，管理者再也不用因人为管理造成的不公平而烦恼。

完善的制度体现了公平，维护了正义，使员工获得一视同仁的对待，这样可以提高员工的工作效率。在竞争激烈的今天，员工的工作效率提高了，企业的生产效益就会大大提升，企业的综合竞争力也会水涨船高。

胜在执行

只有按制度办事，才能维护制度的威信，才能遏制不正之风，维护企业的利益。

制度是企业成功的基石

一个企业如果没有规范的制度，在某一段时期也许能混下去，甚至在某一阶段还能混得很不错，但是从长远和整体上来看，这种“混法”肯定是不行的。因为没有制度、没有规范的企业团队，无异于一帮没有战略战术、没有组织纪律的莽夫，是无法长期保持高效生产率的。企业要发展就离不开制度的规范，科学合理的制度才是企业成功的基石。

春秋时，楚国为了保证粮食的丰收，派令尹孙叔敖在苟坡县一带修了一条水渠，用于灌溉沿渠的万顷良田。可是到了旱季，沿渠的百姓为了多收一点粮食，就在渠边甚至渠里种庄稼。而到了雨季，渠水上涨时，百姓为了保护自己的庄稼，就将水渠偷偷挖开口子分流放水。时间长了，这条曾经为当地百姓造福的水渠就成为了一个祸害——到了雨季，就会发生水灾。

为了保护水渠的正常灌溉，苟坡县的官员没有办法，每到水涨成灾时，就调动军队去修筑堤坝，但是依然无法保护堤坝。后来，李若谷出任苟坡县的知县，面对这一难题时，他派人张贴告示：今后如果水渠决口，县衙不再调动军队修堤，只抽调沿渠的百姓修堤。

从此，再没有百姓在水渠里种庄稼了，也没有百姓偷挖水渠、私自放水了。

人管人，难免有漏洞可钻，因为人都是有弱点的。而制度是客观公正的，只要制度得法，执行到位，它就能发挥出良好的管理效应。因此，企业管理者应该学习李若谷的管理方法，用制度规范人的行为，并且当人违反制度时，要让他所受到的惩罚要大于他违反制度所获得的收益，这样人自然就不会去做违反制度的事情了。

完善的企业管理制度应该是具体的、可操作、可执行的，要让每个员工都清楚哪些行为是被允许的，哪些行为是不被允许的。还要让员工知道，这些制度为什么要被遵守，它和团队协作有什么关系，它跟组织管理有什么关系，跟员工的业绩有什么关系。更应该让员工知道以违反了不被允许的制度时会受到怎样的惩罚，这些问题在制度出台时都应该讲得清清楚楚。

有一句话讲得非常好，“国有国法，家有家规”，管理者制定的企业管理制度，实际上就是一种规则，就像国家的法律一样，员工触犯了规则，管理者该如何惩罚员工，不是由管理者自己来决定的，而是由制度明确规定的。制度里怎么规定，管理者就应该怎么处理，只有这样才能维护制度的威信，才能让人敬畏制度，服从制度。

胜在执行

制度是客观公正的，只要制度得法，执行到位，它就能发挥出良好的管理效应。

人治不靠谱，建立企业制度

任何一个企业都应该有自己的一套规矩，而这一套规矩，就是公平合理的企业制度。如果你不讲制度，不用制度管人，而是用人情管人，那么员工就很可能跟你讲条件，这样你就很难服众了。

中国人最爱讲人情，尤其是在员工犯错的时候，老板很喜欢说“下不为例”。可是，有了下不为例，就会有第二次，第三次。作为企业的老板，一定要认识到：在制度合理的前提下，如果你法外开恩，就会为制度的推行埋下地雷。

一般来说，有制度却不严格执行，而是制度之外开恩，会造成诸多不良的后果。比如，造成员工职责不清。很多企业都有制度，但是却不按制度执行，这就很容易造成某项工作好像谁都在负责，但实际上谁都没有真正负责。于是，两个部门对一项工作纠缠不休，相互扯皮，使原本有序的工作变得无序，造成了极大的浪费。

为了避免员工和你谈条件，你一定要把公司的规章制度严格推行下去，让每个员工按照制度去行事，避免造成管理的无序，对员工的积极性造成消极的影响。

个人的智慧、水平是有限的，而且很多人对别人的能力往往又不太认同，都认为自己聪明能干，所以不太容易服从别人。因此，如果单纯的“人管人”“人治人”，就很容易产生这样那样的弊端。下面我们具体来看一下。

“人治”带有明显的随意性，主观性，缺乏科学性，员工很难适应；“人治”有很强的专制色彩，缺乏公平性、民主性，很容易导致决策失误，也容易造成管理者和员工的关系紧张；“人治”是以人为主的，很容易出现“一朝天子一朝臣”的现象，员工很可能会巴结管理者，不利于“人和”；“人治”往往难过人情关，因为人与人之间，有亲疏远近的关系，一旦发生“奖亲罚疏，任人唯亲”的事情，管理者就会失去威信，团队也会失去凝聚力。

所以，人治不靠谱，建立企业制度，凡事以制度为准，才是最靠谱的。看看战场上，军纪严明，众志成城的军队，总能打败纪律涣散的乌合之众。同样的道理，企业也需要严格的管理制度，有了合理的制度，员工的工作效率才有保障，企业的长远发展才有保障。

人治不靠谱，建立企业制度，凡事以制度为准，才是最靠谱的。

企业管理——铁打的营盘流水的兵

俗话说："铁打的营盘流水的兵。"把这句话用在企业管理上，再合适不过了。尽管企业员工不断流动，但只要有牢靠的制度，那么无论员工怎么流动，企业依然能够稳定地发展。反之，如果企业不实行制度化，那么员工就会像一盘散沙，握不紧也抓不牢，无法产生强大的战斗力。

美国格利森齿轮机床厂就有十分严格的安全生产制度，员工只要进入车间，不论是工作还是路过，都必须佩戴安全眼镜，穿硬底皮鞋，并把领带放入衬衫里。如果谁不遵守，谁就将受到惩罚。

然而，在不少企业中，当员工不遵守制度时，管理者不严加处理，却碍于情面而放纵员工。比如，一天，一位员工迟到了，这位员工与领导的关系很好，领导不忍心处罚他，就睁一只眼闭一只眼；没过几天，又有一个员工早退了，由于这个员工的业绩突出，领导想：如果处罚他，很可能打消他的工作积极性。于是，他"宽容"了这个员工。这两件事情多数人都知道，结果很多员工都不遵守上下班时间。

制度之所以无法约束员工，很大程度上取决于管理者对员工违反制度后的处理态度，如果管理者不予重视，不加处理，就意味着默许员工的违纪行为。

一家公司规定，每个月员工的请假次数如果超过三次，就享受不到全勤的奖金待遇。有一次，公司一位骨干的父亲住院了，该员工一个月请了 5 次假。不过，他为了保证完成工作任务，通过其他时间来加班，最后顺利地完成了本月的工作任务。

按照公司的制度，这位骨干的全勤奖要扣除。但是老板为了显示管理的人性化，对他说："鉴于你已经完成了本月的工作任务，我就不扣你的全勤奖了。" 表面上看，这位老板的管理手段非常人性化，但是他却违背了公司的全勤奖制度，会导致全勤奖制度在员工心目中失去约束力。因为按照老板的做法，员工可能会想：只要每个月完成了工作，就不用每天都坐班。如此一来，员工就可能增加请假的可能性。

不可否认，那位骨干对工作怀有敬业之心，对自己的本职工作认真负责，但是他请了 5 次假，按规定确实无法获得全勤奖。对公司而言，既然制定了全勤奖制度，就应该坚决执行。因为制度就是公司成员间的"信用"，如果制度被随意破坏，那么老板在员工心目中的信用就丧失了。所以，一定要认真贯彻和执行公司的制度。

《孙子兵法》中指出，军队要有明确的法律条文，要用严格的纪律训练整顿军队；对士兵不能过于宽松，过于爱恋，否则，很容易导致士兵不严格执行命令，从而导致部队陷入混乱，没办法约束。在现代企业竞争中，企业之间的残酷厮杀不亚于战场上的弱肉强食，因此，企业一定要用铁的纪律约束每一位员工。

胜在执行

在现代企业竞争中，企业之间的残酷厮杀不亚于战场上的弱肉强食，因此，企业一定要用铁的纪律约束每一位员工。

人情归人情，事情归事情

在某电视台举行的一档职场对话节目中，有这样一段对话：一个单位的干部说："我只是轻微违反了'六不准'规定，却受到了严厉的处罚，当时我委屈得一晚上没有睡好觉。"这个干部的上司接话说："你不知道吧？我考虑是否应该按制度处罚你，连续三个晚上都没有睡好觉。"从这位领导的话中，我们可以感觉到制度与人情这对矛盾的激烈博弈，这种博弈在现实中随处可见。

西安一位36岁的陈女士为了考研，在上班之余苦心复习了一年多，可是在考研那天，她来到考场后，却发现自己的身份证忘带了。于是，她急忙给家人打电话，等到她拿到身份证时，开考已经过半个小时。

监考人员表示，陈女士的这种行为违反了考试的相关规定，是没有资格考试的。面对这一"宣判"，陈女士两次跪在监考人员面前，只求被允许进入考场，但最终还是被拒之门外。

此事在网上引起了激烈的争辩，对此，陈女士告诉记者："我一定会查询相关的法律政策，用法律的武器为我讨回一个公道。"

对于陈女士的遭遇，我们深感同情，一个中年女性，能够克服重重困难，保持对知识的渴望，这种积极学习、乐于上进的精神，无论如何都是值得敬佩的。但是，她的行为确实违反了考试制度，是无法"通融"的。

制度不像人情，说些好话、送点礼，就可以大事化小、小事化了。我们同情归同情，但同情不能取代理智。毕竟，人情是人情，事情是事情。在处理违反制度的事情时，秉公执法才是最值得尊敬的。否则，你违反制度了就找理由，他违反制度了也找理由，到时候岂不是乱了套，还有什么规矩可言？

在现代企业管理中，人情是一个极大的困扰因素。对于管理者来说，如果想留住人情，往往会破坏制度，如果遵守制度，就会破坏人情。我们知道，人是感情动物，因此，坚持按制度办事的管理者，往往被认为不近人情，虽然短期内得不到员工的好感，但从长远来看，这样的领导者可以带企业走向繁荣。

试想，当年要不是诸葛亮挥泪斩马谡，怎么能建立起“军中无戏言”的组织纪律？蜀军又怎么保证战斗力？诸葛亮的做法告诉企业管理者们一个深刻的道理：没有制度，工作是搞不起来的；有制度不执行，工作也是搞不起来的。只有严格按制度办事，把人情放在一边，才能把企业管理好。

虽然制度与热情存在一些不可调和的地方，执行制度就不能讲人情，讲人情就势必会破坏制度，但是人情并不是制度的对立面，它可以成为制度额外的辅助措施，即对制度没有遇到的情况做出特殊的处理，并且可以起到很好的效果。比如，员工违反了制度的规定，按照制度的规定应当处罚，但是在处罚之后，管理者可以与员工好好地沟通一下，说明一下情况，甚至喝上两杯，这样员工心里的阴影就会消除。

胜在执行

有制度不执行，工作也是搞不起来的。只有严格按制度办事，把人情放在一边，才能把企业管理好。

用制度来管理企业

邓小平同志曾精辟地论述了制度的重要性，他说：“制度好可以使坏人无法任意横行，制度不好可以使好人无法做好事，甚至走向反面。”用制度来管理企业，来解决问题，是一项比“人治”更重要的管理之策，是一项更具稳定性、长期性和根本性的管理之道。

很多企业在创立之初，由于创始者的能力和个人魅力出众，即使没有规范的企业制度，他们也能带领企业走向某一发展高度。然而，当他们卸任之后，如果企业依然没有规范的制度，那么新任的领导者就很难带领团队超越创始者，而且很容易走下坡路。即便企业多聘请几个能力出众的管理者，如果没有一套好的制度，也难以把企业经营和管理好。

相比之下，有些企业在创办之后，有一套好的管理制度，无论企业接班人、管理层如何更替，无论企业经历了怎样的风浪，只要企业按照这套制度去管理，并随着企业的发展，不断完善制度，也能一步步发展壮大。所以说，一套好的制度，比多几个人管理企业更有效，好的制度才是真正的老板。

17 至 18 世纪，英国船只经常押送犯人到澳洲，当时私营船主是按上船的人数收钱的。由于每艘船运送的犯人数量过多，船上生存环境恶劣，加之船主为了多赚钱，克扣犯人的食物，导致很多犯人因饥饿、患病在中途死去。更残忍的是，有些船主还会虐待、毒打犯人，甚至干脆将犯人扔进大海里。

后来英国政府制定了一项新规定：按活着到达澳洲的犯人数付钱给私营船主。这一下，船主们马上绞尽脑汁，千方百计地让犯人活着到达目的地。从那以后，犯人中途死亡率大大降低，最低死亡率只有 1 %，而原来最高死亡率竟高达 94%。可见，不好的制度会把“活人”变成“死人”，而好的制度能把“死人”变成“活人”。

有一家降落伞制造厂，其产品的不合格率一直高居 2 %，公司换了好几任总经理，也无法降低产品的不合格率。后来，一位新上任的总经理颁布了一道命令：从今天开始，全体员工立即停工，从管理者到普通员工，全体赶赴跳伞训练场，使用我们厂生产的降落伞接受跳伞训练。此外，公司进一步规定：从今以后，凡是我们生产的降落伞，在出厂之前，都要抽样由工人轮流试跳。这项规定一经颁布，该厂降落伞的不合格率马上下降为零。

可见，不好的制度会使企业遭遇发展瓶颈，走向山穷水尽，好的制度可以使企业迎来柳暗花明，走向充满希望的春天。“把坏人变好人”的制度能造就伟大的公司，而一个腐朽没落的制度只会把聪明人变笨、把勤劳人变懒。

胜在执行

管理企业和员工，靠的是制度。好制度才能激励员工，才能保护员工的积极性，使坏人干不了坏事，不得不做好事。时间长了，坏人就变成了好人，这就是最伟大的制度。

别让员工怕你，要让他怕制度

在一些企业，很多员工怕老板，尤其是犯错误的员工。他们为什么怕老板呢？因为老板似乎有生杀予夺的大权，决定着他们的前途和命运。员工怕老板是好事儿吗？当然不是。为什么呢？因为员工一旦害怕老板，工作就无法轻松展开，尤其在与老板沟通时，就会显得谨小慎微、唯唯诺诺，这同样不利于工作。

员工什么都不怕行不行？当然也不行。如果员工什么都不怕，那他就会无法无天，做事就没了规矩。那么，让员工怕什么呢？怕制度，只有让他怕制度，而不是怕老板，才能在人性化和制度化之间找到平衡点，才有利于企业的运作。

在西方管理学上，有一个著名的“热炉法则”，它指的是当有人违反规章制度时，就像触碰了一个烧红的火炉，一定要让他受到“烫”的处罚。

热炉法则包含 4 个惩处法则，分别是预警性原则——通红的火炉，就像一盏信号灯，提醒大家不要触碰；必然性原则——只要你摸上去，必然会被烫伤，所以千万不要有侥幸心理；即刻性原则——只要你碰到热炉，瞬间就会被灼伤；公平性原则——不论是谁触碰了热炉，都会被烫伤，热炉不辨亲疏，不分贵贱，一视同仁地对待每个人。

每个企业都应该有自己的规章制度，只要有人触犯了，就要受到惩罚。在这些规章制度中，应明确规定员工该做什么，不该做什么，做了不该做的会受到怎样的惩罚。只有做到令行禁止、不徇私情，才能真正实现热炉法则。这要求企业领导者要有“铁手腕”，维护制度的威严，不讲任何情面。

毫无疑问，惩罚并不是目的，而是一种教育员工的手段。作为管理者，或许在给员工开罚单时，有一种于心不忍的心理，觉得员工来企业工作，赚钱不容易。但是管理者要知道，这样做对企业是有利的，当企业的利益得到保障时，从长远来说，对员工也是有益的。反之，如果员工不遵守公司制度，导致执行力不高，影响企业效益，甚至导致企业破产，公司倒闭了，员工的利益怎么保障呢？

古人说得好："皮之不存，毛将焉附？"从这个角度来看，管理者对员工严格一点，其实是为了员工好。当然，在惩罚员工之后，有必要对员工晓之以理、动之以情地说服教育。只有这样，受罚的员工才会心服口服，才会理解你的做法，并对你产生敬意。

胜在执行

每个企业都应该有自己的规章制度，只要有人触犯了，就要受到惩罚。

不要让陈腐的制度浇灭了工作激情

经常使用电脑的人，都会每隔几天点开杀毒软件查杀一下电脑是否有病毒，看杀毒软件是否需要更新。如果杀毒软件不能及时更新，那么出现新的病毒之后，旧版的杀毒软件可能无法查杀，电脑就存在瘫痪的隐患。

公司的制度就像杀毒软件一样，需要不断地更新换代，不断地升级。当一项制度无法解决现实问题时，管理者就要想办法完善它；当一项制度的存在，对解决现实问题没有意义或意义不大时，管理者就要摒弃、废除这项制度。要知道，条条框框的制度太多，并不一定是好事。毕竟，制度的存在是着眼于问题的。如果不能解决问题，还留着干什么呢?

某家大电器制造厂有一则规定：员工如果延迟交货，其单位一律征收违约金。这项制度的出台，在当时确实有必要，因为当时有几名员工时间观念不强，经常拖延交货，公司针对他们才出台了这项制度。这项制度出台之后，也确实对他们起到了约束作用。

然而，多年之后，员工主观上的延迟交货情况已经大有改善，这时候虽然也会发生延迟交货现象，但多半事出有因，比如：生产过程中遭遇不可抗拒的天灾、人祸，或机器出了故障、厂方本身的耽误等等。故此项规定有名无实，应马上改正，可是领导者没有改善，而是依然执行这项制度。这样一来，员工延迟交货被公司罚款后，内心就特别不痛快，因为原因不在他们自己，而在于机器故障、厂房本身的耽误等等。

每一项制度的出台，都与当时的现实情况有关。制度往往都是针对企业的某一时期的某些现实问题，但随着制度的实行，随着企业的发展，这些问题可能逐渐被解决掉了。因此，原来的制度就没有存在的必要了。如果企业不懂得与时俱进，废除意义不大的制度，那么陈腐的、脱离实际的制度就很容易浇灭员工的激情。

规章制度的建立应该随企业的发展、进步而不断改变，千万不能一成不变。在过去的生产规模、生产条件下，某项规章制度可能很完善，但由于新的形势及新的经营方式出现，旧的规章制度会因此出现各种各样的漏洞，变得不合时宜，这时就要求领导者要及早废止，另行出台新的制度，只有这样才能保证制度的合理性，保护员工的积极性。

社会经济在不断发展，企业所面临的市场环境也在不断发生变化，再加上员工队伍、组织自身的发展变化，企业实时更新制度是一种必然要求。当然，这种更新不是天天变、月月变，而是当制度不能促进企业发展了，才必须变。否则，随意乱变的制度会让企业人心动荡不安。

胜在执行

规章制度的建立应该随企业的发展、进步而不断改变，千万不能一成不变。

管理者不能超越制度权威

在企业中，总有一些管理者喜欢把自己凌驾于制度之上，强行超越制度的权威，任意践踏制度，而自己丝毫不以为然。比如，有些管理者要求员工在公司不得抽烟，自己却一天到晚叼着烟，在员工面前吞云吐雾；有些管理者要求员工不得在上班的时候玩游戏，自己却整天在上班的时候玩游戏；有些管理者要求员工上班不能迟到，自己却经常姗姗来迟……

如此这般，怎能让员工信服呢？这样会严重损害制度的威信，也影响老板的领导形象。对企业实现规范化、公平化管理是极为不利的。因此，真正高明的管理者，绝不会超越制度的权威，他们懂得带头遵守制度，努力维护制度的权威性。

1946年，松下公司出现了前所未有的困境。为了走出困境，松下幸之助要求全体员工不准迟到、不得请假。然而，规定出台后不久，松下幸之助本人就迟到了10分钟。原因是司机先生没有准时来接他，他只好坐公共汽车，可是左等右等，公共汽车也没来，最后迟到了10分钟。司机之所以没有准时来接他，是因为司机班的主管督促不力，导致司机睡过了头。

松下幸之助没有为自己找借口，而是按照规定批评和处罚了相关人员，也包括自己。首先，他以玩忽职守为理由，处罚了司机；其次，他以监督不力为理由，处罚了司机的直接主管、间接主管，共计8人。最后，松下幸之助处罚了自己，而且处罚最重——退还了全月的薪金。

仅仅迟到了10分钟，就处罚这么多人，连自己也不放过，有这个必要吗？在松下幸之助看来，这是非常有必要的，因为这样可以维护制度的威信，对全体员工起到教育作用，使大家今后坚决遵守公司的规定。

我们常说："制度面前，人人平等。"意思是，无论你是普通员工，还是高级管理者，在制度面前，都是平等的，谁都没有特权，谁都不能凌驾于制度之上。身为管理者，应该带头做遵守制度和规定的榜样，当自己不小心违反制度时，应该积极接受处罚，这样才能树立公正、平等的企业风气，让员工们信服你。只有你得到了员工的信服和支持，你的管理工作才能顺利地展开。

胜在执行

身为管理者，应该带头做遵守制度和规定的榜样，当自己不小心违反制度时，应该积极接受处罚，这样才能树立公正、平等的企业风气，让员工们信服你。

第七章

用“心”换取执行

没有沟通就没有管理，美国通用电气公司前首席执行官杰克·韦尔奇说过：“管理就是沟通，沟通，再沟通。”对于管理者来说，有了沟通，工作才能交办清楚，才能有效地把握下属执行的状况；对下属来说，有了沟通，下属才能明白领导者的意图，才知道执行的方向、达到的效果。尤其是在出现重大问题时，唯有沟通才能保证信息的上传下达。所以，管理者要重视沟通，用心沟通。

管人是管理之本，管心是管人之本

有人说，一个日本人是一条虫，三个日本人是一条龙。这种说法虽然有些夸张，但用来形容日本人忠于企业、终于团队还是比较贴切的。在日本，很多企业把公司当成家，视企业如生命，与同事能够精诚合作，当企业遇到困难时，大家抱成一团，共同克服危机。

为什么日本人能做到这些呢？其实，这与日本的企业管理哲学有很大的关系，日本企业推崇以人为本的管理哲学，各大公司对员工普遍实行终身雇佣制、年功序列制、企业内工会等制度，把员工的利益和企业的利益捆绑在一起。试问，为公司创造利润，就是为自己创造利益，谁不愿意努力工作呢？

以人为本的管理哲学，主要体现于管人管心，那就是充分尊重员工，把员工当做企业最重要的资源，根据员工的能力、特长、兴趣、心理状况等综合情况，给员工安排最合适的工作，并在工作中充分考虑员工的成长和价值。这样就能很好地调动员工的工作积极性、主动性和创造性，从而提高了工作效率，为企业创造了利润，为企业发展做出了最大的贡献。与此同时，员工的价值得以体现，需求得以满足，员工才会真心真意地拥护企业。

著名人力资源专家李诚多次在培训课程中告诉创业者："管人管事不如管心。"他认为，企业如果单纯地用管理学来管人，是很难取得理想效果的，还需要用心理学进行干预。在他看来，管心是根本，管心的目的是激发团队的潜能，提升大家的心智，为企业创造更高的利润。

李诚把员工分为四类：一类是经济人，即需要金钱满足，因为现代人生活压力太大了。二类是社会人，即追求信任和理解，在公司工作追求开心；三类人追求自我实现，他们有很好的人生观、价值观，只想利用工作这个平台实现自我的价值；四类是复杂人，即全方位追求自我，也可以说是前三种需求的综合体。

要想管好这些人，唯有从心灵入手，帮他们做出与企业发展相统一的职业规划，让他们既能赚到钱，又能快乐地工作，还能实现自我的价值。在这个规划中，要倡导终身雇佣，倡导自我学习和提高，倡导平等竞争的理念，让员工和企业一同成长和发展。

对企业管理者而言，只有管住了人，才能把企业管理好，因为企业是由人构成的，企业发展靠的是人。而要管住人，最好的办法是管住人的心，即要采用以人为本的策略，真正赢得人心。这就要求管理者有识人心的能力。

俗话说："画龙画虎难画骨，知人知面不知心。"要想读懂人心，就要掌握心理学技巧和攻心方法，懂得感情投资。作为管理者，要做有心人，也许从下属一个无意识的动作、一句不经意的话语中，你就能看出其内心的本意。然后，针对员工的本意，采取最贴心的关怀、最有力的说服、最动情的激励。只有这样，才能激发员工沉睡的潜能，让员工变得更有效率，让业绩有更大的提升。

胜在执行

作为一个公司的管理者，你必须十分明白企业发展的长远目标，了解市场的需要，并明白每个员工的工作情形。管理者要在适当的时候，做出明确果断的决定，不可受任何人情因素的蒙蔽，如此方能成功。

管理之道，在于把握员工的心声

员工在公司工作，他们除了每周五天、每天朝九晚五地上班下班之外，内心会有什么想法呢？他们对公司满意吗？他们对公司还有哪些期盼？他们对公司的管理有什么意见和建议？对此，作为管理者，你是否试图去了解过呢？只有主动去了解，你才能把握员工的思想动态和心声，才能有的放矢地管理企业。在这方面，沃尔玛集团的创始人萨姆·沃尔顿做得十分到位。

“你在想些什么？”“你最关心什么？”这是萨姆·沃尔顿在视察分店时，经常向员工提到的问题。在视察的过程中，沃尔顿经常与基层员工沟通，通过聊天了解他们的需要和困难，以此把握员工的心声。

据一位沃尔玛公司的职员回忆：“我们盼望董事长来商店参观时的感觉，就像等待一位伟大的运动员、电影明星或政府首脑一样。但他一走进商店，我们原先那种敬畏的心情立即就被一种亲密感所取代。他以自己的平易近人把笼罩在他身上的那种传奇和神秘色彩一扫而光。参观结束后，商店里的每一个人都清楚，他对我们所作的贡献怀有感激之情，不管那些贡献是多么微不足道。每个员工都似乎感到了自身的重要性。这几乎就像老朋友来看你一样。”

萨姆·沃尔顿曾在一篇文章中写过这样一句话：“我们都是人，都有不同的长处和短处。因此，真诚的帮助加上很大程度的理解和交流，一定会帮助我们取得胜利。记住，老板必须把员工放在他们自己的前面。如果你能做到这一点，你的事业将会一帆风顺。”

俗话说：“人生不如意事十之八九。”员工除了在工作上会遇到困难之外，在生活上是否有苦恼呢？作为管理者，一定要认识到：员工发牢骚、吐苦水是很常见的事情，不要以为员工表达不满，就表示对公司甚至对你个人有成见，是不爱公司的表现。

恰恰相反，员工爱公司、把公司当家，才会抱怨公司的不足，才愿意指出公司的弊病，他们这样做无外乎让领导者重视这些问题，想办法改变不良的现状。而且通过员工的抱怨、不满、意见或建议，你还可以意识到其他人也有这样的感受。如此一来，你就能很好地把握员工们的心声，这对管理企业、带领团队是十分有益的。

可见，管理者不能对员工的抱怨充耳不闻，对员工的意见和建议置之不理，更不能对这类员工产生偏见。而应该像萨姆·沃尔顿那样，主动放低姿态，走近员工，与员工心贴心地沟通，了解他们的所思所想，了解他们的需求和困难，这样才能体现企业对员工们的人性化关怀，使员工感受到被尊重、被重视，从而激发员工的工作积极性。

在企业日常管理中，领导者与员工沟通是最常见的管理行为。同样的沟通，语气不同，沟通的效果也别有洞天。

不要以为自己是领导者，就表现得高高在上、颐指气使，就用强硬的命令压制你的员工。要知道，每个员工都有自尊，他们希望被领导者平等相待。如果你忽视员工的这层心理，采用命令的口气与他们沟通，要求他们去做事，他们最多只是把事情做完。但如果你采用商量的口气、建议的口吻与下属沟通，下属往往会把事情做好。

“做完”和“做好”，一字之差，执行效果也许相差甚远，做完只是基本的完成，充其量是合格。做好则是做到位、做圆满，让你无可挑剔，可以称得上是“优质”。试问，你希望下属给你怎样的执行效果呢?

人是情感动物，而不是机器，人会有情绪、有感受、有自尊心，而机器没有。当你向机器下达命令时，你要做的就是用力地按下某个按钮，而当你向员工下达命令时，如果你语气“重”了，就容易使员工感受到压迫感，他们会本能地抗拒。如果你轻声一点，多一点协商，多一点建议，他们就会舒服地接受命令，做到你想要的效果。

美国管理专家帕特里克·兰西奥尼曾说过：“企业中无穷无尽的管理

危机，往往并不是表面上的战略失误、营销不利、竞争威胁、技术开发上的不智决策等等所致，而是管理者犯了一些基本的但是又没有引起正视的错误，才导致危机的爆发。”其实，命令性的口吻和语气，就是一个基本的但是又没有被引起正视的错误，它是造成管理危机的一个导火索。

这是发生在某大型企业的一件事：

一天，总裁先生回办公室取东西，走到门口时，突然意识到自己没有带钥匙。这个时候，他的秘书早已下班。他给秘书打电话，但是秘书没有及时接听。他感到非常气愤，于是不停地拨打对方的电话，终于，秘书接听电话了。

在电话中，总裁带着满腔的怒火斥责对方，并命令道：“你给我马上来公司，我在这里等你开门。”面对总裁的要求，秘书当即反驳道：“我凭什么去公司？我已经下班了，我不再受你的指使，你没有资格对我吼叫……”第二天，秘书来到公司人事部，要求办理离职手续。

日本松下电器公司的创始人松下幸之助曾表示：“不论是企业或团体的领导者，要使属下高高兴兴，自动自发地做事，我认为最重要的，要在用人和被用人之间，建立双向的，也就是精神与精神，心与心的契合、沟通。”在他看来，精神与精神、心与心的平等沟通十分重要，要做到这一点，最好就是用建议和商量的口吻和下属沟通。

胜在执行

管理者很难在很短的时间内认清员工的价值。要真正了解一个人，需要长时间的，持续的观察。只有通过了细致彻底的观察，才能正确评估出一个人的价值并给他合适的工作。管理企业就像修理花园，如果“花草”茁壮成长，就会有一个美丽的花园，如果它们不成材，则把它们剪掉。

要智商，更要情商

在人力资源开发管理中，管理者往往只注重人力资源的招聘、培训、绩效评估中的具体工作，而忽略了比这还重要的情商管理。其实，每个企业在人力资源的管理中因情商管理失败而引发问题给企业和员工带来损失的事常有发生。因此，如何招聘到高情商的人才；如何增强员工承受压力、挫折和不幸事件的抵抗力；如何培养奋发向上、积极进取的情商管理能力，从而挖掘出员工的最大潜能，是企业管理者必须考虑的问题。

一、情商在招聘中

在招聘中，智商和专业知识固然是重要的，但高的情商更是一个成功的员工必备的。因此，越来越多的企业开始重视这一道程序的面试。在面试中，从应聘者的面相、站姿或坐势，可以看出一个人包括意志、毅力在内的情商控制力；口试中，面试人员可以模拟一些情景，让求职者回答或演讲，然后从他谈话的快慢、脸色、表情等，判断其个性、心态、情绪控制力，从中挑选出企业所需要的人才。

二、情商在培训中

从某种意义上说，心理的力量比技能的力量更重要，一个人要取得成功，不仅需要一定的技能，更需要积极的心态。在当今瞬息万变、充满竞争的环境中，越来越多的管理者和员工认识到了培训的重要性。但是多数的管理者仅仅着眼于本企业的生存和发展需要什么样的技术而进行相应的培训，而对于员工有些什么样的兴趣和想法，员工要求培训的动机是什么，一概不予考虑。在培训内容上，大多数企业只考虑专业技术的培训学习，忽略了员工的心理健康方面的培训。另外，随着计算机、网络技术、通讯手段的日新月异，培训的方式和手段也日趋多样化。不管是通过在线学习、函授教学，还是到高校培训等，都要根据每个员工的兴趣、性格、心理需求及学习的内容作相应的安排。

三、情商在工作安排中

企业最重要的事，就是“人尽其才”，而“人尽其才”必须充分考虑员工的个性和兴趣，合理安排适合于员工心理特点的工作。如果指派一个性格孤僻、待人冷淡的人搞销售工作，或委派一个不善交际或情绪波动大的人做公关工作，这个企业的发展就可想而知了。不同的工作岗位需要不同的性格、气质、情绪控制力的人。有些工种需要人的反应迅速、思维敏捷，如救护人员、操作自动化系统，具有多血质和胆汁质的人可能较为适合；而对采购员、商品推销员，外向的人比内向的人更适合。目前，国内外有关人的性格、气质、兴趣方面的测验已有很多。

一个化妆品公司的经理感到非常沮丧，因为他为了得到手下员工的销售业绩数据而不得不等上两个星期。最后，他找到了一种自动系统，该系统每天下午 5 点都向他的每一个销售员发出一个“嘟嘟”提示声。这种自动化短信以数字方式每天提醒着他手下的每一个销售员，及时录入当天的拜访次数和销售额。这个系统缩短了销售成果的反馈时，将其从以前的两个星期缩短为几个小时。

这个事例告诉我们，那些受内心成就感激励的人们具有某种共同特质：他们总是在不断地提高自己的业绩目标，并且还喜欢作记录。而当一个领导者达到了必要的情商指数后，他就懂得如何用自我激励去激励别人……

情商与智商，差一个字，意义却大相径庭。智商讲究的是一个人的智力程度，是知识掌握理论学习的能力反映。而情商包括自我意识、自我控制、自我激励、移情能力以及社交能力等。当然，智商以及一般的工作技能是很重要的，但它们仅仅只是一种“入门”的参考，也就是说，要当一个领导有常人的智商是必备的条件。而情商则不同，它是对于优秀领导者而言的。我的意思是说，一个没有很高情商的人他可以是领导者，但很难成为一个优秀的领导者，如果没有很高的情商，一个人即便受过最好的教育、有着敏锐的思想、具有很强的分析问题的能力并且能够提出无数的好主意，他都只是一个领导而已。离优秀的领导、离卓越的领导、有高效的领导还是相差十万八千里的。

丹尼尔·戈尔曼，这位“情商领导”的创始人，他在其《情商》和《运用情商》的专著中就已经反复强调，情商虽然不像智商、技能一般感觉起来更商业化用语，也并不意味者控制脾气或者能够与人为善这些简单的内容，事实上，它意味着能够很好地理解你自己和其他人的情感，并能够调动起来激励人们朝着公司目标的方向去努力。而且，据他分析，情商对公司管理层的重要性是随其级别的提高而呈递增趋势的，而对公司的管理高层而言，其技术能力的差异就显得微不足道了。换句话说，一个被认为是明星级的领导人所处的级别越高，他（或她）的情商能力在其绩效中所起的作用就越大。有数据表明，在一次对一个全球食品和饮料公司进行的研究发现，如果高级经理具有很高的情商，那么他所在部门的绩效就会超出平常收益的20%左右；而与此同时，如果部门领导人不具有很高的情商，那么这些部门的收益就会低于年收益目标20%左右。由此可见，一个公司的成功与该公司领导人的情商有着非常密切的联系的。接下来，我就简要介绍一下情商在工作中表现出来的五项内容。

一般说来，情商在工作中具体表现为自我意识、自我控制、自我激励、移情能力和社交能力。

1、自我意识。你对你自己的心境、情感、动机以及它们对别人产生的影响所具有的一种认识和理解的能力。自信；真实的自我评估，充满幽默感的自嘲这是自我意识的特质。

2、自我控制。对那些具有破坏性的感情冲动进行控制或者纠正的能力。特征：值得信任，光明正大；对一些具有不确定性的事情能够泰然处之，能够开放地面对变化。

3、自我激励。对工作的热情源于一种超然金钱和社会地位的动机；具有精力充沛和坚定不移地追求某一目标的倾向。具有很强的成就动机，非常乐观，即使是在面对失败的情况下也是如此；愿意为组织而献身。

4、移情能力。对别人的情感构成所具有的一种理解能力；能够依据人们的情感反应来待人接物的一种技能。具有与有才能的人建立和维护社会关系的专长；对多样性的文化具有很强的敏感性；能够为其委托人和顾客提供恰当的服务。

5、社交技能。精通于建立人际关系网和管理社会关系，发现别人与自己的共同之处与其建立友好关系的能力。能够有效地领导组织的变革；具有游说的能力；具有建立和领导团队的专长。

1917 年 1 月 4 日，一辆四轮马车驶进了北京大学的校门，徐徐地行进在校园内的马路上。

这时，早有两排工友恭恭敬敬地站在两侧，向蔡元培———这位刚刚被任命为北大校长的传奇人物鞠躬致敬。

只见新校长缓缓地走下马车，摘下自己的礼帽，向这些校园里的杂工们鞠躬回礼。

在场的人都惊呆了，这在北京大学可是从来未有过的事情，北大是一所等级森严的官办大学。校长享受内阁大臣的待遇，从来就不把这些工友放在眼里。但是，今天的这位新校长是怎么了？

像蔡元培这样地位显赫的人向身份卑微的工友行礼，在当时的北大乃至中国都是罕见的现象。这不是件小事，北大的新生由此细节开始，树起了一面如何做人的旗帜。

在你的下属当中，会有少数人出身“高贵”，他们或有亲朋好友手握大权，或家庭背景显赫。同样，也会有些人出身寒门，是凭着自己的执着和才干一步步走到今天。你是不是戴着有色眼镜看待这些人呢？

对待前一种人，客客气气，态度温和，甚至他们在工作中犯了错误，也要想尽办法说服自己网开一面，宽恕他们；而对待后一种人，从来没正眼瞧过人家，只要犯了错误，哪怕是一些微不足道的失误，也要严加斥责，大抖领导的威风。

这样做的结果只能是造成团队内部的分裂。因为你不尊重别人，也别想得到别人的尊重。同时，因为你截然不同的态度使第一种人难免傲气十足，另一种人心怀不满，如此下去，要不了多久，你的团队恐怕就该分崩离析了，或者就该先走人了。

所以，对待任何人都要一视同仁，不偏不倚，尊重每一个人，善待每一个人，这也是情商的一方面。

有人说，由于情商的出现，所以以前流行的智商和技术能力在领导力的组成中已经不再重要了。戈尔曼说，这种理解显然是错误的。

胜在执行

在领导力的组成中如果没有情商，将是不完整的。人们曾经认为，情商是“有了会更好”的成分；但现在看来，为了提高绩效，情商是一个优秀领导人“必须具备”的能力。具备领导力，要高智商，更要高情商。

通过场面话消除员工疑虑

哈默 1898 年出生于美国纽约市。18 岁那年，哈默接管了父亲的制药厂，当上了老板。由于管理有方，他的制药厂生意十分兴隆，收入也大幅度增加。几年之后，22 岁的哈默就成了百万富翁。

1921 年，他听说前苏联实行新经济政策，鼓励吸引外资，就打算去前苏联做笔买卖来大赚一笔。他想，前苏联目前最需要的是得到足够的粮食，以解决饥荒。而这时的美国，粮食正值大丰收，农民们宁肯把粮食烧掉，也不愿以低价将粮食送往市场去出售。而刚建国不久的前苏联有的是美国人梦寐以求的毛皮、白金、绿宝石，如果让双方做个交换，自己做个中介，岂不是可以大捞一笔？哈默打定了主意，于是就到了前苏联。

哈默到达莫斯科后，就通过外交手段要求会见列宁。第二天上午，哈默就被召到列宁的办公室里。列宁和哈默进行了亲切的交谈，粮食问题很快就达成协议。

接着，列宁对哈默说："哈默先生，我希望你能在苏联投资，经营企业。"

哈默听了，沉默不语，为什么呢？因为，当时正值社会主义刚刚建立起来，哈默是资本主义国家的人，资本主义国家对前苏联所实行的新经济政策有很深的偏见，许多西方国家的人将苏联的政策看成是可怕的怪物。因此，他们把到前苏联经商、投资办企业，称为"到月球去探险"。

列宁一看哈默沉默不语，就明白了哈默的心事。于是便说："哈默先生，您对我们的新经济政策是否有些成见？"

哈默没有吱声。列宁接着又说："我们的新经济政策要求重新开发我们的经济潜能。我们希望建立一种给外国人以工、商业承租权的制度来加速我们的经济发展。你们出钱、出技术力量，而我国则出劳动力，这样，对双方都有好处。"

哈默说："原来如此。"经过一番交谈，哈默弄清了苏维埃政权的性质和前苏联吸引外资办企业的平等互利原则，便很想大干一番。但是说着说着，他又动摇起来，想打退堂鼓。

于是，列宁又问：“先生还有什么其他问题吗？”

哈默说：“我是资本主义国家的商人，我们强调私有权不可侵犯，而贵国是社会主义国家，实行公有制，这两种不同背景的制度可能会发生碰撞，我担心贵国的政府机关及其工作人员会办事拖拉。”

列宁笑着告诉他：“我们现在最大的祸害之一——官僚主义，可能让你担心，但我打算指定一两个人组成特别委员会，全权处理这些事务，他们会向你提供任何你所需要的合法帮助，你们不会受到任何机关的无理阻挠。”

哈默点了点头，但眼神中还是流露出某种担心。

列宁看到了，就索性把话说得一清二楚：“我明白先生的想法，我们会确定一些条件，来保证你们作为承租人一方有利可图。任何一个国家的商人都不是慈善家，都要求资本的回报，不然的话，只有傻瓜才会投资。”

由于列宁对哈默的一连串疑虑，像剥竹笋般逐个加以解释，没过多久，哈默便成了第一个在前苏联投资并获得贸易特许权的商人。

在上面这个事例中，哈默先生出于一位商人的敏感，对采取新经济政策的前苏联存有种种的疑虑。而列宁，为了说服哈默先生在前苏联投资，以加快国民经济的发展，便逐个解除了哈默先生的种种疑虑，最终说服他在前苏联投资兴办企业，并由此吸引了不少其他国家的商人纷纷来苏投资。

胜在执行

领导者要想说服别人接受你的观点、见解、意见和主张，可由表层逐步深入实质，由外围步步逼进核心，就像剥竹笋一样，剥去一层，又剥一层，引导被说服者由不理解、不同意、到一步一步地走向理解同意。

善用人情话

上司想在下属面前树立威信和声誉，在与下属交谈时就要放下架子，善用人情话来笼络下属的心，只有这样下属才能服从领导，配合工作，从而将工作做得更出色。

领导虽然贵为上司，在职能和地位上与下属有别，但是在人格、尊严等方面，上司与下属是平等的。上司要想在下属面前树立威信和声誉，在与下属交谈时就要放下架子，善用人情话来笼络下属的心，只有这样，下属才能服从领导，配合工作，从而将工作做得更出色。

人情话并不全是虚虚飘飘地闲扯，有些人情话也并非两嘴一开一闭就能说出来，而是需要一种宽阔的胸襟和做大事的气度。所以在某些特定条件下，从某些特殊的人嘴里说出的一些人情话．会让人感觉有千钧之重。

我们对《三国演义》中刘备摔孩子收买人心的一段情节耳熟能详：

赵云大战长坂坡，九死一生救出少主刘禅。当他从怀中把仍在熟睡的刘禅抱给刘备时，刘备接过来，掷之于地曰："为汝这孺子，几损我一员大将。"果然，赵云泣拜曰："云虽肝脑涂地，不能报也。

舍不得孩子套不来狼，关键时刻豁出孩子是刘备收买赵云人心的一个技巧。但说起来容易做起来难，因为他要付出很大的代价。

大同小异，作为领导者，身边没有一两个忠士也是不行的。所以，领导们都习惯说一些收买人心的人情话来获得他人的忠诚。

秦穆公就很注意施恩布惠，收买民心。一次，他的一匹千里马驹跑掉了，结果被不知情的百姓逮住后杀掉吃了。官吏得知后大惊失色，把吃了马肉的三百多人都抓起来，准备处以极刑。然而秦穆公听到禀报后却说："君子不能为了牲畜而害人，算了，不要惩罚他们了，放他们走吧。而且，我还听说吃过好马的肉却不喝酒．是暴殄天物而不加补偿，对身体大有坏处。这样吧，再赐他们些酒．让他们走。”

过了些年，晋国大举入侵，秦穆公率军抵抗。这时有三百勇士主动请缨，原来正是那群被秦穆公放掉的百姓。这三百人为了报恩，奋勇杀敌，不仅救了秦穆公，还帮秦穆公捉住了晋惠公，大获全胜而归。

由此可见，领导让下属办事也要学会收揽人心。只有笼络住下属的心，才能更好地让下属心甘情愿为自己效力。

晚清红顶商人胡雪岩是个商业奇才，同时他还是个善于笼络下属的高手。一天，胡雪岩外出，路上遇到了刚被辞退的一家钱庄的档手李治鱼，便邀他来到一家路边小店一起喝酒。席间胡雪岩问道：“李师兄，到乡下有什么好活计？”

李治鱼叹道：“无非就是割麦插秧，笨重农活，只求果腹而已。”

胡雪岩说：“可惜了你一身银钱绝技，却派不上用场，难道就这样英雄末路，委屈一生吗？”

“恶名在外，谁还敢雇咱，只好认命啦。”李治鱼无奈地说。

胡雪岩目光炯炯，逼视他道：“如果有人相信师兄的为人，请师兄再回钱庄主掌档手，你意下如何？”

李治鱼疑惑道：“倘若果真如此，便是重生父母、再造爹娘，但谁又能如此大胆，敢违抗同业大会的意愿？”

胡雪岩道：“此人远在天边，近在眼前，便是小弟我。”

李治鱼大吃一惊：“果真如此吗？”

胡雪岩爽快答道：“小弟与师兄同业同行，英雄说英雄，惺惺惜惺惺，对师兄向来极为敬佩，今日愿请师兄主掌钱庄，共同干一番事业。”

李治鱼方知是实，绝境之中如同从天上掉下了馅饼，哪有不愿意的道理！当下便感激涕零，要给胡雪岩跪谢大恩。胡雪岩忙扶住他说：“自家弟兄，不必如此拘礼，今后务必同舟共济，共兴钱庄大业。”

然后掏出一张两千两的银票给他，说：“从现在起，师兄就是阜康钱庄的档手，每月定饷十两，年底另有花红，这银票拿去，随取随用，订房子、雇伙计、购什物，任你支派，不够再说一声，我随时补上。”

一番真言实话，慷慨大度的安排，令李治鱼心悦诚服。高叫道：“雪岩老弟不必多虑，只看咱神算李手段！”

胡雪岩道：“从此以后，咱弟兄俩就是一根线上的蚂蚱啦，同呼吸共命运，吃香喝辣，都在一块儿。”一番人情话说出后，一个钱庄的好手已成了他死心塌地的战友。

有时，有些人情话好像分量显得并不重，但因为是从特殊人物的嘴里说出来，尽管轻描淡写，却也能收到奇效。

无论是谁，都愿意在一个富有人情味的团队里工作和生活。这种人情味的注入，首先是该团队领导的责任，因为领导是否善解人意，是否体恤和关怀下属，直接决定着这个团队人性化氛围的浓度。对于新生代员工来说，他们最在意的，就是别人对他们的态度。而善解人意的背后，正是体现了上司对下属的那份最可贵的尊重。

假如一个员工今天气色不好，你要问问他有什么不舒服；如果他请假去照料他生病的妻子，那么当他来上班时，要问问他妻子康复了没有；倘若发现他今天走路一瘸一拐，要问问他怎么回事；如果他经常谈起他女儿上学的事，可过问一下他女儿在学校的成绩如何。虽然这些只是一点点的关心，但他会几天几夜想着你的恩德。这样做当然不难，然而在日常生活中，你会惊奇地发现，这种小小的关心竟使你的上下级关系迥然不同。

胜在执行

大人物也好，小人物也好，这种让人从心里感动的人情话都应该多说，少说严厉苛刻的话，这样会给自己的人际关系创造一个良好的氛围。

视下属为朋友

每一个公司，其实就是一个小社会。人与人之间的关系，可以很复杂，也可以很单纯。作为这个大家庭一分子的你，如何表现自己，与自己喜欢或不喜欢的人融洽相处，达到真正的沟通。

一般人似乎都很容易把注意力集中在与上司相处的技巧上，对于那些职位比自己低微的同事，则肆意责骂，把自己心中的闷气全然发泄在对方的身上。动辄就表现出不耐烦的表情，发号施令，根本没有考虑到对方的感受。你是否也曾有过这种过失？抑或你曾身受其害，很清楚被人随意指使，无理取闹的委屈？一个在办公室里旗开得胜，威风八面的人，他的心中不会存在等级观念，他懂得人人生而平等的道理。就算自己的职位比别人高，也不敢恣意妄为。须知风水轮流转，尊重别人，是自重的第一步。

无疑，你的下属有责任助你完成工作，事无大小，你都可以交给他处理。但你如果能将一些较烦琐而困难的工作，独自完成妥当，让下属有更充裕的时间做好其份内的事务，对方必然感激不尽，对你更忠心。上司与下属的关系，唯有以互助互谅为基础，合作无间，工作才会变得轻松而富有意义。

视下属如知己良朋，而不是自己的奴仆。时而征询对方的意见，接受对方的批评，力求消除彼此心中的隔阂，如此，对方做起事来，必然格外卖力。

表现出色的你，刚刚获得升职，而且公司新聘了一个助手给你。不过，千万别以为助手是你的“马仔”，把他看作朋友，大家合作起来就更得心应手。

他既是初来乍到，对公司的一切都很陌生，那么你必须给他一定程度的帮助。例如，处处指点他，使他早日适应环境，利用你的经验，解决他的疑难，或者在工作之余跟他多谈谈公司里的工作程序和其他小事，免得他四处碰壁。

不要忘记让他参与所有跟他有关的会议，让他多了解公司的业务和同事们的工作情况，也让他多发表意见。这样，既可以使他建立起信心，你也可获悉其心思。

当他初次工作时，多提醒他，多给他时间去了解、消化，然后才进行，不妨多解释几遍有关工作会遇到的问题。

不过别把公司的政策过分吐露，形成无形的压力。试问在战战兢兢的情况下，又有谁能做出满意的业绩呢？

还有很重要的一点，就是别吝啬适当的鼓励。

许多女秘书都比较愿意为男上司效劳，因为她们觉得女上司爱在鸡蛋里挑骨头。还有，大家都是女人，应该有同等的权力，所以无形中对女上司有一种排斥心态。

假如你是一位女上司，面对这种秘书小姐，请花多点时间去思考。不要总以自己的标准去要求对方，即使你经常自愿超时工作，也不应强迫对方跟随你。就待她如工作的伙伴、在适当时候赞赏她，间或请她吃午饭，以表示你欣赏她的工作态度和多谢她的合作。

切记不要请她为你做私人事情，但一些秘书事务可不能忽视，如打字、簿记、入档案等。避免过分控制她的工作方式，只要她能如期替你做好一切，使你无后顾之忧，就很理想了。

此外，在对方的私事上也要多注意一些。例如对方病了，买了新衣服，换了化妆品等等，别忘记问候或赞赏她。这样，你们之间就不仅仅是上下关系，还更像朋友一样友好。

胜在执行

作为管理者，把下属当作朋友，下属会觉得受到重视、尊重，做起事来必然会格外卖力，这样大家合作起来就会更加得心应手。

对下属多进行感情投资

讲究情义是人性的一大弱点，中国人尤其如此。“生当陨首，死当结草”“女为悦己者容，士为知己者死”，无一不是“感情效应”的结果。为官者大都深知其中的奥妙，不失时机地付出廉价的感情投资，对于拉拢和控制部下往往能收到异乎寻常的效果。

韩非子在讲到驭臣之术时，只说到赏罚两个方面，这自然是最主要的手段，但却很不够，有时两句动情的话语，几滴伤心的眼泪往往比高官厚禄更能打动人。因此，感情投资，可谓一本万利，是一种最高明的统治术。

富有人情味的上司必能获得下属的衷心拥戴。

吴起是战国时期著名的军事家，他在担任魏军统帅时，与士卒同甘共苦，深受下层士兵的拥戴。当然，吴起这样做的目的是要让士兵在战场上为他卖命，多打胜仗。他的战功大了，爵禄自然也就高了。

有一次，一个士兵身上长了个脓疮，作为一军统帅的吴起，竟然亲自用嘴为士兵吸吮脓血，全军上下无不感动，而这个士兵的母亲得知这个消息时却哭了。有人奇怪地问道：“你的儿子不过是小小的兵卒，将军亲自为他吸脓疮，你为什么倒哭呢？你儿子能得到将军的厚爱，这是你家的福分哪！”这位母亲哭诉道：“这哪里是爱我的儿子呀，分明是让我儿子为他卖命。想当初吴将军也曾为孩子的父亲吸脓血，结果打仗时，他父亲格外卖力，冲锋在前，终于战死沙场；现在他又这样对待我的儿子，看来这孩子也活不长了！”

人非草木，孰能无情，有了这样“爱兵如子”的统帅，部下能不尽心竭力，效命疆场吗？

吴起绝不是一个通人情、重感情的人，他为了谋取功名，背井离乡，母亲死了，他也不还乡安葬；他本来娶了齐国的女子为妻，为了能当上鲁国统帅，竟杀死了自己的妻子，以消除鲁国国君的怀疑。所以史书说他是个残忍之人。可就是这么一个人，对士兵却关怀备至，像吸脓吮血的事，父子之间都很难做到，他却一而再，再而三地去干，难道他真的是独独钟情于士兵，视兵如子吗？自然不是，他这么做的唯一目的是要让士兵在战场上为他卖命。这倒真应了那一句名言："世界上没有无缘无故的爱。"

作为上级，只有和下级搞好关系，赢得下级的拥戴，才能调动起下级的积极性，从而促使他们尽心尽力地工作。俗话说"将心比心"，你想要别人怎样对待自己，那么自己就要先怎样对待别人，只有先付出爱和真情，才能收到一呼百应的效果。

日本著名的企业家松下幸之助就是一个注重感情投资的人，他曾说过："最失败的领导，就是那种员工一看见你，就像鱼一样没命地逃开的领导。"他每次看见辛勤工作的员工，都要亲自上前为其沏上一杯茶，并充满感激地说："太感谢了，你辛苦了，请喝杯茶吧！"正因为在这些小事上，松下幸之助都不忘记表达出对下级的爱和关怀，所以他获得了员工们一致的拥戴，他们都心甘情愿地为他效力。

公元742年，唐玄宗连下三道诏书，征召大名鼎鼎的诗人李白入京。李白这一年43岁，他毕生都向往着建功立业，以为这一回总算可以大展鸿图了，于是，意气风发地来到了长安。唐玄宗在大明宫召见了他。

封建时代，皇帝召见大臣，气派是十分重要的，他端坐御座之上，居高临下，而臣下则要一路小跑至他的膝下，行三跪九叩大礼，俯首称臣。而唐玄宗这一次召见李白，这一切森严的礼仪全都免除，他亲自坐着步辇（一种由人抬的代步工具）前来迎接。当李白到来时，他从步辇上下来，大步迎了上去；迎入大殿之后，又以镶嵌着各种名贵宝石的食具盛了各种珍馐佳肴来招待李白，大约是怕所上的一道汤太热，会烫着李白，唐玄宗竟然御手亲自以汤匙调羹，赐给李白，并对他说：“卿是一个普通读书人，可你的大名居然传到我的耳中，若不是你有着超凡的诗才，怎么能做到这一点的？”

唐玄宗接着又赐他一匹天马驹，宫中的宴会，銮驾的巡游，都让李白陪侍左右。

一个普通的诗人，无官无职，能够得到皇帝的召见、赐宴，已是非常的礼遇了，而降辇步迎，御手调羹，更是旷古的隆恩。虽然李白这一次来长安，在仕途上并没有多大发展，最后还被客客气气地赶出了长安，但唐玄宗的这一次接见，却在李白心中留下了永不磨灭的印象，使他终身引以自豪，至死都念念不忘。

民国年间，身为一世枭雄的“北洋之父”袁世凯在统御部下方面也很注重感情投资。

早在小站练兵时期，他就从天津武备学堂物色了一批军事人才。其中最著名的有三个人：段祺瑞、冯国璋、王士珍。后来都成了北洋系统中叱咤风云的人物。袁世凯为了让他们对自己感恩戴德，供其利用可谓煞费苦心。

袁世凯在创办新军时，相继成立了三个协(旅)，在选任协统时，他宣布采用考试的办法，每次只取一人。

第一次，王士珍考取。

第二次，冯国璋考取。

从柏林深造回国的段祺瑞，自认为学问不凡，却连续两次没有考取，对段来说，只有最后一次机会了。第三次考试前，他十分紧张，担心再考不上，就要屈居人下，心中十分不快。

第三次考试前一天的晚上，正当段祺瑞闷闷不乐地坐着发呆时，忽然传令官来找他说是袁大人叫他去。段祺瑞不敢怠慢，立即前往帅府，晋见袁世凯。袁世凯令他坐下，东拉西扯，说了些不着边际的话。临走，袁世凯塞给段祺瑞一张纸条，段祺瑞心中的纳闷，这纸条是什么呢？又不敢当面拆开看。急忙回到家中，打开一看，不觉大喜，原来是这次考试的试题。

段祺瑞连夜准备，第二天考试时，胸有成竹，考试结果一出来，果然高中第一名，当了第三协的协统。

段祺瑞深感袁世凯是个伯乐，对于自己有知遇之恩，决心终身相报。

后来，段祺瑞、冯国璋、王士珍都成了北洋军阀政府的要人。段祺瑞谈起当年袁世凯帮他渡过难关的事，仍感恩不尽，谁知冯国璋、王士珍听了，不觉大笑，原来王、冯二人考试时也得到过袁世凯给的这样的纸条。

袁世凯这种办法，可谓妙不可言，既可以使提拔的将士报恩，又能使没升官的将士心服口服，便于统率，还给被提拔者创造了很高的声誉。由此可见，袁世凯在玩弄权术上是个高手。

胜在执行

中国有句古语：“得人心者得天下”。无论是在历史上还是现实中，这句话一直透出智慧的光芒。麦当劳的社长藤田田曾谈到，他发现感情投资在所有投资中，花费最少，回报率最高。做人就是如此，要想在处世中运用人情，就要先学会储蓄人情。为人情开个“账户”，危机关头，拉人一把，讲义气的人一定会加倍地偿还你的人情。

柔和的语气人人都喜欢

对下属多用建议，少下命令，语气柔和一些，不但能避免伤害其自尊，而且能使其乐于改正错误，并与你友好地合作。

几年以前，杰克·韦尔奇任美国通用电气公司总裁的时候，通用电气公司正面临着一项需要慎重处理的工作，即免除查尔斯·史坦恩梅兹担任的某一部门的主管职务。

史坦恩梅兹在电器方面有超人的才能，但担任计算部门主管却很不称职。不过，公司却不敢冒犯他，因为公司当时还绝对少不了他这样的人才。

于是，杰克·韦尔奇亲自出马。一天，他把史坦恩梅兹叫到他的办公室，对他说：“史坦恩梅兹先生，现在有一个通用电气公司顾问工程师的职务，你看这项职务由你来担任如何？我暂时还找不到合适的人来担任这项职务。”

史坦恩梅兹一听，十分高兴，“没问题，只要是公司决定的，我就乐意接受。”

于是，杰克·韦尔奇就给了史坦恩梅兹一个新的头衔，让他担任“通用电气公司顾问工程师”这一职务。其实工作还是和以前一样，只是换了一个新头衔，而让其他人担任部门主管。

对这一调动，不知情的史坦恩梅兹十分高兴。如果他知道换职务的原因是公司认为他担任部门主管不称职，那么他在今后的工作中肯定不会有太多的激情。

通用公司的高级人员也很高兴。他们巧妙地调动了这位最暴躁的“大牌明星”的工作，而且他们的做法并没有引起一场大风暴，因为他们让他保住了面子。

著名人际关系学家卡耐基曾和美国最著名的传记作家伊达·塔贝尔小姐一起吃饭，他告诉她正在写有关“对待下属”这本重要的书。她告诉卡耐基，在她为欧文·杨罗写传记的时候，访问了与杨罗先生在同一间办公室工作了三年的一个人。这个人宣称，他从未听过杨罗先生向下属下过一次命令。例如，欧文·杨罗从来不说“做这个或做那个”，或者是“不要做这个，不要做那个”。他总是说：“你可以考虑这个。”或“你认为，这样做可以吗？”他在口授一封信之后，经常说：“你认为这封信如何？”在检查某位助手所写的信时，他总是说：“也许我们把这句话改成这样，可能会比较好一点。”他总是给人自己动手的机会，他从不告诉他的助手如何做事，他让他们自己去做，让他们从自己的错误中学习成功的经验。

通过这种方法，使下属很容易改正他们的错误，而且维持了下属们的自尊，使他们认为自己很重要，并希望与你合作，而不是反抗你。

唐·散塔瑞里是宾州威明市一所职业学校的老师，他有一个学生因非法停车而堵住了学院的一条路。有一位导师冲进教室，以非常凶悍的口吻问道：“是谁的车堵住了车道？”

当车主回答时，那位导师吼道：“你马上给我开走，否则我就把它绑上铁链拖走。”

这位学生是错了，车子不应该停在那儿。但从那天起，不只这位学生对那位导师的举止感到愤怒，全班的学生都与他过不去。

其实，那位导师原本可以用完全不同的方式处理这件事。假如他友善一点地问：“车道上的车是谁的？”并建议说：“如果你把车开走，那别的车就可以进出了。”这位学生一定很乐意把它开走，而且他和他的同学也不会那么生气了。

胜在执行

作为管理者，在对待下属的时候，不要以为他们是下属，就低你一等，你就可以随便批评他们。他们也有自尊，也要面子，所以，你不妨多用一点建议代替批评，他们会觉得你这个领导平易近人，因此自然也会对你的工作积极地配合。

第八章

领导才能离不开执行力

管理的核心是人，管理的关键靠人，对于任何组织，领导者都是组织发展的决定因素。故而，领导者必须努力提高自身的领导力，必须努力提高领导素质。只有能够向前看的领导者，才是卓有成效的领导者，才是成功的领导者。

成功领导者的基本任务

管理的核心是人，管理的关键靠人，对于任何组织，领导者都是组织发展的决定因素。故而，领导者必须努力提高自身的领导力，必须努力提高领导素质。只有能够向前看的领导者，才是卓有成效的领导者，才是成功的领导者。德鲁克关于领导力的论述很多，本章择其要害者分析。作为领导者，必须明确自己的基本任务。总结德鲁克的观点，领导者的基本任务有以下 4 个方面。

(1) 成功领导者的首要任务是思考组织的使命。领导者确定并实施组织的使命。领导者必须将组织的使命转化为组织目标，并制订优先实现的目标。领导者应该根据组织的使命和目标规定行为准则，领导者必须以身作则遵守规则。

任何一个健康的、有生命力的组织，都必然有其鲜活的组织使命。明确组织使命，是领导者的第一任务。领导者与普通管理者和员工的不同之处就在于：领导者是使命的制订者、决策的规划者、任务的监督者。组织使命就是方向，就是旗帜，就是走什么样的道路。领导者不能明确组织使命，组织就会迷路，就会失去立场，就会走上歧路。

领导者还要善于将组织使命转化为组织目标。领导者要运用目标管理的方法，将组织目标层层分解，并将之贯彻到组织的最基层。不能转化组织使命、不能贯彻组织使命的领导者，不是卓有成效的领导者，也不具有卓有成效的领导力。英国马狮集团，其组织目标就是通过向底层百姓销售物美价廉的服装而消除阶级差别，实现社会平等。该公司几十年如一日坚持这一使命，取得了辉煌的成就。

组织的使命是单一的，但实现组织使命的目标是多元的。领导者必须选择目标实现的次序，这是有效实现组织使命的前提。组织目标有长远目标和短期目标，成功的领导者应该善于平衡二者关系。长远目标有利于组织使命效用最大化，短期目标则可以维系组织的存在和发展。领导者重视短期目标，是为了防止组织眼高手低，缺乏对市场的反应能力；而重视长远目标，则是为了防止组织闭目塞听、止步不前。领导者应该使组织的长远目标和短期目标统一起来，在具体业务中重视短期收益，在重大决策中则侧重组织的长远需要。领导者应该有开阔的眼光、博大的胸怀，既要重视利益，同时又必须面向未来。关注未来、充满理想，这是成功的领导者必备的条件。

不同的组织拥有不同的使命和目标，因而其行为规则也不同。如果麦当劳采用和百度一样的行为规则，那么麦当劳就只能关门。因为麦当劳是餐饮业，要求其员工必须在岗；而百度是网络技术下的搜索引擎新贵，他们需要的是个性化地完成业绩，因此员工在不在办公室并不重要。

领导者制定规则，更重要的是以身作则地执行规则。否则，规则就失去了合法性，就会失去约束力。联想集团的员工都知道柳传志罚站的故事。柳传志在联想集团时曾制定过一个规则，开会迟到者必须罚站。有一次他因为商务约见而迟到了，于是就根据规则自己罚站了半小时。规则一旦制定，就必须执行，而且领导者要带头执行。领导者破坏规则，就是在破坏自己的领导力。

(2) 成功领导者要明确自己应该做什么。领导者要不断地思考“我应该为组织做什么”，而不是“我能做什么”。领导者应该做自己最擅长的事，成功领导者要认清自己的优势，要相信自己的判断，千万不要轻易改变自己的决策，更不要邯郸学步、东施效颦。每个领导者都有自己的风格和特色，不要改变自己的做事风格，不要轻易尝试自己根本不相信的事，应该学会用自己现有的主观能力来努力确保任务完成、目标实现。领导者应该准确地给自己的角色定位。领导者是组织的掌舵人，是组织前进的方向盘，领导者必须为组织的发展承担责任，所以领导者不能问自己能做什么，而要问自己该做什么。领导者往往偏重对自己能力的考量，而缺少对自己责任的反思。对责任反思的力度，体现出领导者对自身角色定位的准确度。领导者切忌好高骛远，不要奢望未来会发生什么，而要立足午现在需要做什么，要充分发掘现有条件包括主、客观条件，不断地用平凡的人创造不平凡的业绩。领导者最需要的就是化腐朽为神奇的能力。

无论怎样，成功领导者的一切决策和行为都要以结果为导向，只有面向结果，才能面向未来。

(3) 成功领导者要善于授权，不要事必躬亲，更不能嫉贤妒能。授权是重要的领导艺术，领导者应将主要精力放在重要问题上，别人可以替代的工作都尽可能授权让别人去做。

领导要会用人，要敢于起用比自己更优秀的人。唐太宗李世民资质中等，其文不如隋炀帝，武不及汉武帝，却能既不重蹈炀帝之亡，又不坠入武帝穷兵黩武之失，并开创了辉煌的贞观之治，其根本原因就在于他善于用比自己更优秀的人。煌煌贞观，人才济济，谋断有房玄龄、杜如晦；谏诤有魏征、马周；将帅有尉迟敬德、侯君集……倘若李世民闭目塞听，不能容人之长，又哪来的盛唐气韵？

成吉思汗被尊称为“天可汗”——可汗中的可汗，他一生南征北战，纵横天下，用人无数，除了他的亲属，其部下未有一人背叛过他。千古帝王，无出其右。他的用人之道，就是用人之长，礼贤下士。他手下猛将如云，如“四杰”“四子”“四勇”等，即使如丘处机，亦是其座上宾。不能用比自己更优秀的人，领导者的事业就不能成功，至少不能做到最好。

福特公司两代掌门人一福特一世和福特二世成败均在用人上。当公司处于危难时，他们敢于起用大材。然而二旦事业冲天，他们就嫉贤妒能，担心下属功高盖主，进而坐卧不安，不惜换将。尤其是福特二世，当艾柯卡把福特公司的事业推上顶峰时，他却对艾柯卡心生猜忌，将他免职，并让他去一个破仓库上班，以侮辱他。谁料艾柯卡绝地反击，勇敢地进行二次创业，大获成功，成为了真正意义上的美国英雄，而福特公司却因此而陷入困境。

现代商场硝烟弥漫，竞争激烈，领导者必须学会用更优秀的人。能不能用比自己更优秀的人，体现的是领导者的心胸和视野，也是衡量领导素质的重要尺度。

第四，成功领导者必须做最重要的事。很多领导者具有非常优秀的办事能力，他们能八面玲珑、左右形势，但他们往往因不能确定所做事情的有效性与重要性而被迫沉迷于琐碎事情中，从而无法做出与他们能力相匹配的业绩。

有个领导，做事非常干练，他有一套自己的做事方法，他很善于把握形势，但他却长期无法得到提升，原因在于他的成绩并不突出。他把大量的时间花费在怎样和别人搞好关系上，包括和上级、下级及客户。他不断地和这些人周旋，花费大量的精力去应酬。在觥筹交错中，他缺少时间提高业务水平，缺少时间明确自己的方向，其业绩当然不能提高。

这样的领导者在我们周围非常普遍，他们并不缺少能力，而是未明确自己的职责不能有效地将自己的能力转化为业绩。领导者应将主要精力集中在统筹全局上，应该以结果为导向，而不是浪费自己的精力去做一些没有长远价值的事。

领导者应该是战略家，而不是做事者。中国的领导者过于笃信“哥们就是生产力，餐桌产生凝聚力”的酒桌文化，而忽视了作为领导者的基本职责。这是领导者必须认真反思和解决的问题。

胜在执行

管理的核心是人，管理的关键靠人，对于任何组织，领导者都是组织发展的决定因素。故而，领导者必须努力提高自身的领导力，必须努力提高领导素质。

领导者如何赢得信任

一个成功的领导者必然能赢得下属信任。信任是一种无形资产，也是领导者走向成功之路的通行证。领导者必须赢得下属的信任，只有拥有支持者的领导，才能有效地提高绩效。

领导者应该树立自己的权威，赢得下属的信任。下属对领导的信任来自于领导者把工作作为自己的事业，工作就是工作，绝不牵涉其他因素。在德鲁克看来，一个卓有成效的领导者，必然讲求原则、以结果为导向，且善于运用领导艺术来解决问题。更重要的是，他们所具有的品质能使下属心悦诚服。他们持事以公、就事论事，赞扬下属是出于真诚，批评下属也是出于真诚。他们严格要求自己，也严格要求下属，他们不留情面不是出于私利和成见。他们的所有行为都体现出一种负责的精神，这种精神使他们能为企业的绩效和未来负责，能为员工的成长负责。

很多领导者把获得下属的信任误解为给下属实惠，和所有人都打成一片。其实，这只是一厢情愿。作为领导者，必然要贯彻企业的各项决策，因此必然需要在很多问题上坚持原则，这就必然使某些人不满。真正的领导者都善于团结大多数，但绝不逾越自己的底线。他们的领导力不是通过他们建立良好的人际关系来表现，而是通过他们坚持原则、敢于纠正下属工作中的失误来体现。一句话，领导者要通过以理服人来赢得下属的信任。

松下电器的创始人松下幸之助批评下属很出名，但他有一个特点，就是边批评边讲道理，让下属虽然挨了批评却心服口服。以理服人是松下赢得下属尊重和信任的重要原因。

有近重信1936年毕业于高工电子科，进入松下电器后被分到电池厂。按规定，生产技术人员必须先到第一线实习，整天跟黑铅锰粉打交道，浑身黑乎乎的。

有近重信进厂不久，松下来电池厂巡视。有近门外进来一个穿礼服的绅士，立即跑过去把他拦住，问道："请问你有公司参观证吗？"

松下心想我是老板，还用什么参观证，于是说："没有。"有近把双臂一伸，毫不客气道："那就对不起，不能进去。"

"我是……"

"你是天王老子都不许进！"有近打断松下的话，说，"我们老板松下先生有规定，没有公司的参观证，任何人都不得进来！"

这时门卫慌忙赶过来，让松下进去。松下见了厂长井植薰说："你们员工中有个很固执的家伙，大概是新来的吧，死活不让我进来，真是个很有特点的人。"

这件事给松下的印象很深，他认为有近是个可造之才，原则性很强。所以井植薰每次去汇报工作，松下都要问问有近的情况。

过了一段时间，电池厂盖成品仓库，由于松下的坚持，仓库决定采用木结构。井植薰把设计任务交给有近，有近说："我是学电子的。"井植薰说："我是做操作工的，现在不是也在做厂长吗？"

有近学过普通力学，经过计算，他认为需增加4根柱子才能达到安全系数，其他的就没有多做考虑。仓库落成那天，松下见中间竖有4根柱子，大为不满，先把井植薰批评了一通，然后又把有近叫了进去。

刚开始有近的心里不服，可到后来，有近终于明白了。

松下的意思是，他不知道要立柱子才坚持用木结构的，而有近明知要立柱子却不敢坚持钢筋结构。井植薰自己不懂，才找有近来帮忙。而有近明知不好，却偏偏要这么设计，这才是让松下恼火的原因。

有近后来回忆道："我就这样被训斥了整整9个小时，从下午3点到深夜12点，连晚饭都没吃。我心里想：这老家伙，去你的！可后来听懂了总裁的意思，才明白确实是自己的错。”有近后来成为了公司技术部的负责人。他的成长，与松下的“锻打”有相当的关系。

不仅对普通的下属，就是对公司的管理人员，松下也会让他们明白道理，从而让大家心服口服。

领导者要在下属中树立权威，赢得人心，就要做到以理服人。俗话说“有理走遍天下，无理寸步难行”，领导者在工作中一定要注意以理服人，尤其是在批评下属的时候一定要先摆事实、讲道理，让下属真正知道自己错在什么地方。这样，你才能赢得下属的敬重和追随。

中国式企业管理的中心问题在于领导者，在于老板。作为企业的灵魂人物，领导者必须以身作则，必须树立权威，必须赢得信任，必须身先士卒。没有鼓动性和领袖魅力，企业的很多目标就无法完成。中国企业的领导者不同于西方企业的领导者，我们要付出的太多，而且作为公众人物，领导者必须检点自己的行为。

领导者获得下属的信任，就可以凝聚企业的向心力，使企业员工能够劲儿往一处使，心往一处想。无论我们强调怎样的管理理念，都无法代替领导者的作用，因为领导者获得的信任力越强，其事业成功的可能性就越大。

德鲁克认为，下属信任领导者，并不完全是由于领导者的能力，而是因为领导者所具有的一些品质，比如责任心、正直等。由此就可以解释，为什么那些严厉而坚持原则的领导者所获得的拥护反而更多。“大道至简”，领导者要经营好自己的事业，关键要经营好自己的人品。

蒙牛集团刚建立时，资本不足100万，且是10人出资，没有工厂，甚至没有自己的办公场所。然而所有的人都是冲着牛根生这个人去的，大家信任老牛（老牛是蒙牛的创业者对牛根生的敬称），相信他能做好伊利，就有办法经营好蒙牛。当伊利集团有三百多人“弃明投暗”追随牛根生时，这个一无所有的草原企业家一定最开心，因为他拥有别人的信任。我们今天反观蒙牛集团的成长速度，有人觉得不可思议。其实回归到人的因素上来，我们就能理解，一个被下属如此热爱和信任的领导者，他几乎无所不能。

胜在执行

信任是一种无形资产，也是领导者走向成功之路的通行证。领导者必须赢得下属的信任，只有拥有支持者的领导，才能有效地提高绩效。

敢于对过失负责

领导者之所以是领导者，关键在于领导者愿意承担责任。德鲁克认为领导者是企业的真正负责者，领导者必须对过去负责，包括过去的成绩与过失。因此，所有下属的成败都是自己的成败。成功的领袖必须勇于为他的追随者的错误与缺点所造成的损失承担责任。如果他企图回避这项责任，那么他将无法再担任领袖。如果一个追随者犯错，并且出现能力不足的现象，那么，这位领袖必须认为这是自己的失败。

领导者不要出了问题就把责任全部推给下属，而是要主动承担责任。敢于主动承担责任的领导者，一定会赢得下属的信任。危难时刻向下属伸出一只手，比成功时伸出两只手更有意义。如果下属犯错，即使领导者不负有直接责任，也负有间接责任。领导者应该和下属冷静地分析问题，而且不要怕犯错误，因为任何成功都建立在错误的基础之上。领导者在危难时刻能替下属承担相应的责任，这是领导者之所以能作为领导者的重要前提。

作为蜚声世界的经营之神，松下幸之助敢于承担责任的事迹在日本商界传为佳话。

一次，一位下属因疏忽而使一笔货款难以收回。松下幸之助知道后勃然大怒，在大会上狠狠地批评了这位下属。事后，他为自己的行为深感不安。因为那笔货款发放单上自己也签了字，下属只是没把好审核关而已。既然自己也应负一定的责任，就不应该这么严厉地批评下属。松下对自己的冲动行为懊悔不已。于是，他马上打电话给那位下属，诚恳地道歉。恰巧那天下属乔迁新居，松下幸之助便登门祝贺，还亲自为下属搬家具，忙得满头大汗，令下属深受感动。一年后的这一天，这位下属又收到了松下幸之助的一张明信片，松下在上面留下了一行亲笔字：让我们忘掉这可恶的一天，重新迎接新一天的到来！看了松下幸之助的亲笔信，下属感动得热泪盈眶。从此以后，他再未犯错，对松下公司也忠心耿耿。松下认为，作为领导者尤其是高层领导者，必须为企业的发展负责，即使是下属的错误，领导者也必须勇于承担责任。

作为领导者，当然要授权你的下属去做那些具体的事情。怎样去做完全由他们自己决定，但最后负责的只能是你，不管你的下属工作得好还是坏，结果全由你承担，这就是你作为一个领导者的义务和责任。

领导者既然负全部的责任，领导者犯错就应该及时解决和纠正。勇敢承认错误，有错能及时改正，这才是上善之举。

爱华公司的董事长兼总经理小林村子是位杰出的电器方面的专家，他的公司在他有效的领导下日益发展成为日本首屈一指的国际大公司。有一次，在召开董事会时，小林村子进行自我检讨，他说："所有处于高层领导的人，不论性别、年龄的差异，他们都有一个致命的错误，那就是在错误面前不敢站出来勇敢面对而是遮遮掩掩，生怕所犯的错误给他的身份抹黑。其实谁不曾犯过错误呢？但重要的不是已犯下的错误，而是对错误的正确面对，以及深刻的反思，以求得更多的经验教训，避免以后再出现类似的错误。勇敢地面对错误、承认错误并及时加以改正，这才是作为一个领导人稳重、成熟、坚强、公平的表现。"

小林村子的这段话充分说明：作为一名高层领导，应该时刻进行自我反省，及时发现自己的过错并毫不掩饰地勇敢承认，并且还要设法努力改正。

IBM电脑公司的总负责人史迪夫认为，错误是一个人一生中不可缺少的一部分。没有它，我们就不会认识到事情的价值，就不会把事情做得更好，也就没有进步的机会。从这个方面来讲，错误也就是给人们一次再学习的机会，如果你不好好地把握这个机会，那你就是真正犯了大错误。

作为高层领导者，要像松下幸之助、小林村子和史迪夫那样，敢于自我反省，敢于承认自我过失。这是领导者走向成功的关键。

作为中层领导者，经手的更多是具体事务，犯错的概率更高，这样领导者就更要准确认识自己的责任，而不是推诿扯皮。

杰克是一家公司的采购主管，有一次他听信了部门经理助理的建议，大量采购韩国生产的一种产品，因而透支了公司账户上的采购资金。当时其公司对采购制定了一条至关重要的制度，即不可以透支账户上的存款余额。也就是说，如果账户上不再有存款，就不能再采购新的商品，直到重新把账户补满为止，而这通常要等到下一个采购季节。

采购完毕后，杰克没有想到部门经理突然通知他，有一种日本企业生产的新式提包在欧洲市场上很受欢迎，要求他采购一部分。这让杰克措手不及——经理的指令一定要执行，可是采购资金已经透支了，用什么采购？他想向经理说明情况。这时，一位同事向杰克进言：把责任推到经理助理身上。杰克想了想，认为不妥。他认为，如果把责任推给经理助理，那他们必然陷入无谓的争吵，从而耽误采购那批提包。况且，采购是自己的事，自己就必须承担责任。杰克向部门经理如实汇报了采购韩国产品的事情，坦率地承认是自己的失误，并申请追加拨款，采购日本提包。

部门经理并没有生气，而是被杰克勇于负责的精神所感动，很快设法给他拨来了一笔款项。后来，那种韩国产品和日本提包推向市场后深受顾客欢迎，销售非常火爆。

杰克勇于承担自己的责任，反而使事情得到顺利解决，从而提高了工作绩效。德鲁克认为，作为领导者，坚持绩效精神，敢于面向结果，这是卓有成效的管理者的基本素质。

胜在执行

德鲁克认为，作为领导者，坚持绩效精神，敢于面向结果，这是卓有成效的管理者的基本素质。

正直是块试金石

一个企业充满斗志，其原因一定是企业的最高领导者有崇高的道德品质；而一个企业如果懒散堕落，其根源一定是企业的最高领导者品质恶劣。所以，他主张，企业的领导者一定要培养自己做人的境界，要坚持原则，要有一颗正直的心。正直是衡量领导者的试金石。孔子说："其身正，不令而行；其身不正，虽令不从。"说的就是这个道理。

领导者把建立正直的品格作为事业的资本，做任何事情都以正直为准绳，即使他一时无法获得盛名与巨大的利益，也终不至于失败。而那些人格堕落、丧失操守的人，却永远不能成就伟大的事业。

很多领导者信守厚黑学之类的东西，他们过分地注重技巧、权谋和诡计，却忽视对正直品格的培养。很多伟大的公司都愿意用公司创立者的名字作为公司的名称，就是因为这些名字代表着信用，能使消费者感到可靠。

有一些人明明知道坚持正直人格的重要性，却依然我行我素，不将事业的基础建立在正直的品格上，反而建立在技巧、诡计和欺骗上。这种行为就像自杀一样，明知结果，却还要奋不顾身地投入火坑。

中国传统士大夫有强烈的价值关怀，他们秉承"知其不可为而为之"的儒家精神，坚守正直的品性，使后人敬服。唐代的魏徵就是著名的例子。作为谏议大夫，他敢于直言、讲真话，协助唐太宗开创了"贞观之治"的盛世。一次，传旨官突然来向魏徵宣诏，说是皇帝有旨，要征集16岁以上身强力壮者入伍。魏徵认为天下初定，连年战争和灾荒已使百姓中壮丁很少，这样突然的征兵会不利于国家安全和稳定。当他了解到这是宰相封德彝的主意时，他说："封德彝无视国家现状，征兵的主意不合时宜。”他让传旨官告诉唐太宗，这种事不合法令，他难以听从命令。魏徵公然抗旨不遵，吓得传旨官魂不附体，力劝他接旨，其他朝臣也为他捏一把汗。可魏徵依然故我，泰然自若，竟反背双手在大厅里踱起步来。这时，传旨官又传来第二道旨意，让魏徵速派人征点壮丁入伍。魏征仍然坚决不接旨。传旨官好心提醒他，万岁要动怒了。魏徵却昂然回答：“绝不苟且从命。”传旨官无法，只得奉命叫他入宫见驾。李世民认为魏徵太固执，责问他：“征点壮丁入伍有何不可？为什么屡抗朕命？”

封德彝则添油加醋、火上浇油说：“君命也不执行，怎能治理国家？”

魏徵毫无惧色地反驳说：“难道大律不是君命？大律也是陛下亲自颁发的，倘若连陛下也违反大律，朝令夕改，怎么能治理好国家？”

李世民非常生气地问道：“朕何事违律乱章？又何事朝令夕改？”

魏徵正色道：“陛下八月即位时，曾下诏全国免征免调一年，百姓闻诏皆欣喜若狂，欢呼皇恩浩荡。可至今不到四个月，陛下就开始宣旨征兵，这怎能取信于民？按国家唐律规定，21岁至59岁的男丁方可征调。封大人怎能知法违法，有辱君命？”

唐太宗听了很受启发，立即下令停选壮丁入伍。全朝文武官员对魏征这种刚正不阿、正直诚实的品格非常敬佩。唐太宗也很赞赏他的忠谏，将他比喻为检查自己得失的一面镜子。

儒家文化强调：“为天地立心，为百姓立命，为往圣继绝学，为万世开太平。”正是这样一种宏大的精神境界，支撑了魏徵正直为官的品性。倘若魏徵也像其他官员一样，不能直言上谏，不能秉公做事，“贞观之治”就要大打折扣了。作为一个领导者，公正无私、坚持原则是最要紧的品格。领导者正是通过正直的品性来树立威信，来建立积极向上的企业文化，来推进企业发展的。

正直是领导者行为的试金石，这就意味着领导者做事要一碗水端平，对所有人要一视同仁，这也包括对员工的评价。公正的评价会使员工获得心理的平衡，更能激发员工高昂的工作积极性。

公正评价每位下属是卓有成效的领导者的共同点。为了评价下属，他们会及时记录每位下属的表现。下属的表现只有通过长期的工作才能体现出来。只有长期注意记录下属的行为，领导者才能真正了解下属。当领导者通过手头的记录去表扬某些工作干得好但又不被人注意的下属时，他们会备感欣慰，从而把工作做得更好；如果是批评某些下属干得不好，虽然他们会在短时期内情绪低落，但很快就会了解到领导者公正待人的做法，同时会重新认识自己工作中的不足，变后进为先进。公正评价可以消除领导的傲慢与偏见。

管理者的公正无私也表现在对下属的奖惩上面。成功的领导者往往在奖惩方面做得相当完美，能够充分地调动下属的积极性，形成人人争上游的局面，从而给企业带来无限的生机和活力。反之，如果奖惩做得不好，不仅达不到激励下属的预期效果，反而会造成不可收拾的后果。例如，优秀的下属在工作中做出了相当大的贡献，但令人遗憾的是，他并没有得到与他所做贡献相对应的奖赏，收入没有与贡献成正比例增长，而那些并没有做什么实际工作的人却得到了加薪、分红，这会严重打击下属的工作积极性。公正的奖惩制度意味着不偏不倚，意味着对每位下属工作业绩的肯定。一个崇尚正直的企业，一定是以结果为导向的企业。

胜在执行

德鲁克认为，一个企业充满斗志，其原因一定是企业的最高领导者有崇高的道德品质；而一个企业如果懒散堕落，其根源一定是企业的最高领导者品质恶劣。所以，他主张，企业的领导者一定要培养自己做人的境界，要坚持原则，要有一颗正直的心。

卓越的领导才能

德鲁克认为，领导者应该具备卓越的领导才能。德鲁克所说的卓越的领导才能，是指领导者应该从组织的日常管理活动中发现问题。领导者是战略家，要立足组织的长远发展。但领导者的决策不能脱离企业现状，要善于从日常管理实践中找到影响组织长远发展的因素。以小见大，见微知著，这种从细节中发现问题的能力并不是每个领导者都能具备的，而且也不是每个领导者都能行之有效地坚持进行的。很多领导者忽视了自我洞察力的培养，所以，德鲁克说，卓越的领导才能是一种洞察力。

领导者要具备卓越的领导才能，必须注重组织内的日常管理实践和管理活动。这并不是说领导者要关注下属的日常事务，对下属的所有活动都指手画脚，这样的话就与授权原则背道而驰了。领导者并不是进行微观管理，而是要通过关注企业的日常管理来了解自己的企业，来明确不同管理者的责任，来制订战略和进行决策。领导者没有必要事无巨细、亲力亲为，而只需时刻保持敏锐的观察力，从日常管理中发现问题，并及时着手解决问题。

著名的管理顾问斯蒂芬·柯维曾指导过一位公司资产额达 60 亿美元的董事长。他告诉这位董事长，领导才能并不是陷入日常管理中，而是如何从细节中发现问题。但这位董事长并不认同。不久，柯维和这位董事长走出办公楼时，发现一名保洁员正拿着耙子打扫落叶，而他所用的耙子只有 5 根耙爪——本来应该有 31 根。

董事长停下来问保洁员："请问你在做什么？"

"我正在打扫树叶。"

"你为什么使用这支耙子？用它能扫起多少叶子呢？"

"因为他们只拿了这支给我用。"

"你为什么不去找一支好一点的用呢？"

当保洁员走远后，董事长显然很生气："好耙子仓库里多得是，可他竟然埋怨别人没给他！类似的事天天都在发生。我们所进行的两项大型发展计划进度及两条生产线的进度已经落后，眼看资金一点一点流失，可各部门经理却似乎无动于衷，就像刚才的这个保洁员。我的下属总是不停地抱怨，只因他们觉得自己巧妇难为无米之炊，而我认为真正的原因是他们缺乏危机意识。如果我不能给他们可用的工具，他们就不顾工作是否有效而得过且过！我必须找到管理保洁员的那个监工，狠狠地训他一顿，确保每一个保洁员都能得到一支好一点的耙子！"

柯维认为董事长并没有真正认清问题："你以为这样做就能解决问题了吗？在这件事里，谁该对这位保洁员和耙子的问题负责呢？"

董事长想了想说："保洁员本人应该负责，毕竟他是唯一可以决定自己是否用了合适的耙子的人。我们总是弄得每个人忙得团团转，却无法使他们尽义务。只要我们能够解决责任的问题，我们所有的问题都能解决，每个人都必须为自己的绩效表现而负责。但是，监工真的一点责任都不必担负吗？"

柯维说："是的，他要负责，但不在于为保洁员找支好耙子。他的职责在于使保洁员尽职地把工作做好，他的工作是让保洁员负起责任来。而在最合理的情况下，还有谁需要为找到好耙子来负责？"

董事长思索片刻道："我敢打赌我不是第一个看到他在使用那支坏耙子的人。从理论上而言，任何看到他的人都可能已提醒过他，所以每个看到他的人都该感到有责任去告诉他找支好的耙子。"

"那么你要扮演什么样的角色？"柯维继续说。

董事长恍然大悟道："最根本的其实是我自己该负责，因为我没有找到问题的症结所在。我需要解决的真正问题点是自己缺乏责任感，但我却只看到了一些表象，并陷入表象而不能自拔。"

上述材料中的董事长注意到了管理中的具体问题，然而他看到的只是表象。他看到保洁员使用的工具不对，但他差一点就陷入具体问题的陷阱中，而没有意识到真正需要他解决的问题——如何建立责任体系，使分工明确、指派得力。领导者不应该也没有精力去关注那些细节问题，但是领导者必须具备从细节中发现问题的能力。正如那位董事长，经过咨询专家的提醒，他敏锐地意识到了该如何发现问题背后的问题，该如何抓住管理活动中的本质，该如何明确责任，那么他一定找到了解决问题的方法——建立完整的责任体系。

领导者必须明白，对于日常管理中的问题，不要干预，而要关注，不必拘泥于细节，但必须重视细节。领导者应该具备反思问题的能力，而不是对具体事物指指点点。领导者应该借助具体的手段来了解最基层的管理现状，领导者不能脱离管理实践空谈管理，而是要超越具体问题，并为完善企业的管理机制和管理制度而努力。

真正的领导才能是善于从细节中发现问题。成功的领导者肯定富有洞察力，并会保持一颗敏锐的心。绝大多数领导者都自认为对自己的组织非常了解，事实恰恰相反，正是由于思维惯性，领导者会对一些组织内的问题视而不见、习而不察。正是基于此，领导者往往过分相信自己的能力和判断，他们往往认为“老马识途”，却忘记了老马也会迷途；他们总是把问题推给明天，总以为“瘦死的骆驼比马大”，却忘记了“千里之堤，溃于蚁穴”；他们总以为“强大的狮子都是独行侠，只有绵羊才成群结队”，却忘记了“虎落平阳被犬欺”。任何问题都有辩证性，领导者要具备真正的领导才能，就必须运用辩证思维，全面地认识问题，既能由小见大，也能由此及彼。这样才能达到管理的真境界。

胜在执行

真正的领导才能是善于从细节中发现问题。成功的领导者肯定富有洞察力，并会保持一颗敏锐的心。领导者要具备真正的领导才能，就必须运用辩证思维，全面地认识问题，既能由小见大，也能由此及彼。这样才能达到管理的真境界。

领导者应具备的 4 种能力

领导者与责任、品性等密切联系，但这些都只说明领导者应该做什么。要衡量领导者的领导力，我们还必须考察领导者的能力。德鲁克认为，成功领导者必须具备四种重要的能力。

1. 善于倾听别人的意见

作为领导者，虚心倾听是对下属人格的尊重，也是对他们工作的激励。当下属向领导陈述他们的意见时，至少已经说明，他们希望从领导者这里获得支持、帮助或鼓励。如果领导者置若罔闻，就会使下属对领导的信任付诸东流。

领导者一次心不在焉的倾听，可能就会使企业失去发展的大好机遇。本田宗一郎的一次经历就充分说明了领导者倾听的重要性。

这件事让本田宗一郎终身难忘。

有一次，一位名叫罗伯特的技术骨干来找本田，当时本田正在休息。兴奋异常的罗伯特把花费了一年心血设计出来的新车型拿给本田看："总经理，您看，这个车型太棒了，上市后绝对会受到消费者的青睐……"

罗伯特看了看本田，发现本田似乎没有听他讲话，于是他收起了设计图纸转身离去。此时正在闭目养神的本田觉得不对劲儿，急忙抬起头叫了声"罗伯特"，可是罗伯特头也没回就走出了总经理办公室。

第二天，本田为了弄清昨天的事情，亲自邀请罗伯特喝茶。

罗伯特见到本田后，直截了当地说："尊敬的总经理阁下，我已经买了返回美国的机票。谢谢这两年您对我的关照。"

"啊？这是为什么？"本田异常吃惊。

罗伯特看到本田满脸真诚，便坦言相告："我离开您的原因是由于您没有自始至终听我讲话。就在我拿出我的设计前，我提到这个车型的设计很棒，而且还提到车型上市后的前景。我以它为荣，但是您当时却没有任何反应，而且还低头闭目养神。我很生气，就改变主意了！"

最后，罗伯特拿着自己的设计到了本田的竞争对手福特汽车公司。他的设计受到了福特高层的关注，新车的上市给本田公司带来了很大冲击。

本田宗一郎只是因为一次偶尔的疏忽，没有认真倾听罗伯特讲话，结果就失去了这位优秀的技术骨干，给自己的公司造成了严重损失。所以，领导者必须关注下属的心理感受，不要总是从自己的角度思考问题。不能虚心而诚挚地倾听，就会使下属怀疑领导者是否重视自己。

领导者必须谨记：最有价值的人，不一定是最能说的人。老天给我们 2 只耳朵 1 张嘴巴，本来就是让我们多听少说的。善于倾听，才是成功领导者最基本的素质。

2. 学会主动与人沟通

在现今的企业组织中，企业的中间层次越来越庞大，很多问题的解决都需要通过沟通来实现。领导者如果不善沟通、不乐于沟通，就会增加组织的沟通成本，也会使领导者和下属存在隔膜，这非常不利于领导者进行有效的领导。

领导者应该向索尼公司的创始人盛田昭夫学习，他是沟通的高手。他总是不厌其烦地和基层员工沟通，通过这种手段他提高了企业的凝聚力，也提升了企业的竞争力。

盛田昭夫认为，领导者应该和员工进行无障碍沟通。从公司创建开始，他就坚持与每一位职员进行接触。他整天都与年轻职员们一起吃饭、聊天，直到深夜。随着公司规模日益扩大，要做到这样已不太现实了，但他仍尽可能利用一切机会与基层职员接触，以便相互了解、增进感情。

有一次，盛田昭夫去市中心办事，刚好有一段空余时间，他就去街上闲逛。偶一抬头，他看见“素尼旅游服务公司”的牌子。这个店他还从没听说过，于是他就跨进去。

盛田昭夫对大家说：“各位认识我吗？想必已在电视上或报纸上见过了吧！今天我特意来，让你们瞧瞧我的尊容，看与电视上有什么两样。”

所有的人都被他的话逗乐了，气氛变得活跃而轻松。虽然大家的交谈只进行了几分钟，但盛田昭夫善于沟通、乐于沟通的精神却让这些员工念念不忘。

“各位认识我吗？”多么简单的一句话，却瞬间拉近了盛田昭夫和员工的距离。素尼公司正是通过这种无障碍沟通，提升了企业的向心力。无独有偶，韦尔奇在执掌通用公司时，也通过倡导“无边界沟通”取得了巨大成果，这一方法促使其他企业纷纷效仿。在没有电邮的时代，韦尔奇就已经通过便条和最基层的员工进行沟通。这种方式正是德鲁克所期望的，真是英雄所见略同。领导者必须乐于进行沟通，通过沟通来提升自身的领导能力。

3. 不妄自尊大

骄兵必败的道理其实所有领导者都明白，但关键是如何把这种意识落实在行动上。伟大的领导者都知道自己能力的局限性，因此总是很谦虚地接受别人的提醒。然而更多的领导者在取得了一定成就后，就被胜利冲昏了头脑，结果骄傲滋生惰性，成功后忘却了失败。这种“好了伤疤忘了疼”的做法充分说明人是健忘的，所以领导者必须时刻提醒自己：不要太轻狂，不要妄自尊大，要实事求是。

爱迪生是蜚声世界的发明家，其一生都在努力推广电能的使用，然而其晚年却由于妄自尊大，清誉尽失。

众所周知，爱迪生是电灯的发明者，是人类历史上最伟大的发明家之一。他仅受过3个月的正式教育，可他一生却取得了一千多项发明专利。

他年轻时非常谦虚。由于缺少自然科学的正规教育，在1879年研制出第一盏可供试验的白炽电灯之前，爱迪生寻找灯丝的办法就是不厌其烦地试验。最终他试验了成百上千种物质，结果均告失败。当有人幸灾乐祸地问他作何感想时，爱迪生平静地说：“我们没有失败，我们已经证明了这么多物质不适合做灯丝。”这是多么积极的心态！他还曾说过：“当试验失败时，不要把它扔掉，不妨再问一句：‘这东西还有没有别的用途？’如果有，我就要说：‘当初我要发明的就是它。”’爱迪生正是凭借其孜孜以求的精神和谦虚为人的作风取得了巨大成就。然而，到了晚年，爱迪生曾说过一句令我们瞠目结舌的话：“你们以后不要再向我提任何建议，因为你们的想法我早就想过了！”

1882 年，在白炽灯彻底获得市场认可后，爱迪生的电气公司开始建立电力网，使人类由此开始了电力时代。当时，爱迪生的公司靠直流电输电。不久，交流电技术开始兴起。但受限于数学知识(交流电需要较多数学知识)的不足，更受限于狂妄自大的心态，爱迪生始终不承认交流电的价值。凭借自己的威望，爱迪生到处演讲，不遗余力地攻击交流电，甚至公开嘲笑交流电唯一的用途就是做电椅杀人！当时，发展交流电技术的威斯汀豪斯公司被爱迪生搞得很狼狈。

然而事实胜于雄辩，那些崇拜、迷信爱迪生的人在铁的事实面前惊讶地发现：交流电其实比直流电要强得多！于是人们愤怒了！而爱迪生公司的员工和股东更引以为耻，干脆将公司名字中的“爱迪生”三个字去掉，改成了后来闻名遐迩的通用电气公司。

爱迪生半生辉煌，却在人生将要谢幕时栽了一个致命的大跟头，而且再也没能爬起来，这成了他一生最大的耻辱。

英明一世，晚节不保，真是可惜。然而这样的例子并不鲜见，牛顿也出现过这样的失误。李白成未进北京城时，谦虚谨慎；进了北京后，就不可一世，结果迅速败亡了。因而，领导者必须警醒，越是在胜利的时候，越不要妄自尊大。从失败走向胜利难，从胜利走向胜利难上加难，但从胜利走向失败却易如反掌。

4. 不要为错误辩解

这个问题显而易见，领导者的这种能力，是对领导者最基本的要求。

成功的领导者都必须具备这 4 种能力，个性化领导更需要这些能力的支撑。

胜在执行

成功的领导者都必须具备上述的 4 种能力，个性化领导更需要这些能力的支撑。

卓越领导者的共性

德鲁克认为，在他所接触的卓越领导者中，他们都具有共性。这种共性有如下几方面：

（1）卓有成效的领导者都有广泛的追随者。在任何类型的组织中，都存在这样一个基本的事实，那就是：大多数的领导者都是从追随者的资格开始的。而且，不能追随领导者的人，很难成为优秀的领导者。追随者是领导者展开工作的重要基础。领导者之所以有追随者，在于领导者拥有的能力和经验能成为下属学习的榜样。

卓有成效的领导者都非常重视追随者，因为任何领导都希望获得别人的支持，只有群策群力，才能众志成城。俗话说“一个好汉三个帮”，领导者没有追随者，就失去了群众基础。所谓“土帮土成墙，人帮人成王”，领导者只有集思广益，才能获得更多的智慧和谋略。

中国历史上的幕僚就是领导者的亲信和忠诚的追随者。这种传统从春秋战国就开始了，那时候叫“养士”。“养士”其实就是领导者培养自己的势力，相当于现在的智囊团。“养士”的传统成为领导者成就王霸之业的基础。中国历史上“养士”最有名的是齐国的孟尝君。

孟尝君号称“养士三千”。《战国策》里记载了一则冯谖为孟尝君“焚券买义”的故事，就是领导者依靠追随者谋政的一个著名事例。

有一年，孟尝君的领地薛闹饥荒，无人敢去代收租税。冯谖毛遂自荐，愿为孟尝君效劳。但他到了薛地以后，不但没有收取任何租税，反而立即以孟尝君的名义召见当地租户，宣布免除一切租税、债务。为了使众人相信他的话，冯谖当着众人的面将_切债券全部烧毁。老百姓顿时欣喜若狂，齐声欢呼，表示对孟尝君仁义之举的感激之情。

冯谖回来后对孟尝君说，我看贵府“积珍宝，狗马实外厩，美人充下陈”，什么都不匮乏，唯独缺义。我这次薛地之行，就给您买回来了“义”。

孟尝君问明情况后，心中大为不悦。他认为冯谖不应越俎代庖，但鉴于冯谖是他请来的士，便只好作罢。

不久，齐国换了新国王。国王听信谗言，撤了孟尝君的宰相之职，让他至薛地为侯。孟尝君上任时，未至百里，老百姓就扶老携幼，前来迎接，欢呼之声不绝于耳。

这时候，孟尝君才恍然大悟——如果没有冯谖当初为自己买来的“义”，自己今日哪能获得老百姓的真心拥戴呢？

冯谖“焚券买义”，想领导者之未想，谋领导者之未谋，这是追随者辅佐领导者的经典案例。领导者要发挥追随者的作用，在当代社会更要重视智囊团的作用。智囊团主要由专家、学者组成，他们运用专业知识，整合集体智慧，为领导者决策提供科学依据和最优化的理论，这对于领导者降低决策风险有非常重要的意义。

（2）卓有成效的领导者都非常善于选择。他们懂得组织最需要什么，并能有效地进行选择，从而为组织发展谋取最有利的地位。

这是一个管理隐喻故事。有 3 个人要被关进监狱 3 年，监狱长要他们每人提出一个要求，他可以满足他们的要求。

美国人爱抽雪茄，要了 3 箱雪茄。法国人最浪漫，要了 1 个美丽的女子相伴。而犹太人却要了一部与外界沟通的电话。

3 年后，第一个冲出来的是美国人。他嘴里、鼻孔里塞满了雪茄，大喊嚷道：“给我火，给我火！”原来他忘了要火了。

随后出来的是法国人。只见他怀里抱着一个小孩，美丽女子手里牵着一个小孩，肚子里还有未出生的第 3 个。

最后出来的是犹太人。他紧紧握住监狱长的手说：“这 3 年来我每天都能与外界联系，我的生意不但没有停顿，反而增长了 200%。为了表示感谢，我送你一辆劳斯莱斯！”

卓有成效的领导者应该能从这个故事中学会选择，今天的选择决定组织的未来。所以，领导者必须谨慎选择。任何领导者今天的失败都是由昨天的错误选择造成的，同样地，领导者今天的选择也决定了企业明天的兴衰成败。从一定意义上讲，决策就是一种选择，就是权衡利弊，就是要确定今天的选择会对未来的企业业绩带来什么样的影响。领导者今天选择什么样的企业使命和目标，就会在明天产生什么样的绩效。领导者今天的选择决定企业未来的发展，所以领导者必须决定放弃什么，选择从哪里重新开始。选择会有机会成本，但不选择则可能贻误战机，同样会对企业发展造成影响。

（3）卓有成效的领导者必须要以身作则，坚守责任。优秀的领导者都是以身作则的楷模、坚守责任的典范。他们明白“己所不欲，勿施于人”，他们更通晓“自立乃立人之始，自助为助人之基”。要想使下属能听从自己的号令，就必须先严格律己。俗话说“上梁不正下梁歪”，领导者只有先树立自身良好的形象，才能使规则和制度的执行有权威性。

在第一次世界大战期间，麦克阿瑟将军下属的一位指挥官米诺赫尔将军这样说麦克阿瑟：“我怕总有一天我们会失去他，因为在战况最危急的时候，士兵们会发现他就在他们身边。在每次前进的时候，他总是戴着军帽，手拿着马鞭，和先头部队在一起。他是激励士气的最大资源，他这个师都忠于他。”正因如此，年仅 38 岁，麦克阿瑟就升到了准将。

领导者只有以身作则，团队才能上行下效，同心共进退。中国古代传说中的三皇时期，君主就具有这样的品质。

传说，尧是一个非常节俭的帝王。尧成为帝王后，大臣们纷纷建议他建造一座金碧辉煌的宫殿，以显示帝王的气魄和臣民对帝王的敬爱。

尧却认为建造豪华的宫殿会拉大同臣民之间的距离，所以，他提议把宫殿建成茅屋。并且还率领大臣们亲自动手，从山上搬来木头和茅草，盖了几间茅屋，这就算是他和大臣们议事的大殿了。

宫中的厨师给尧送来山珍海味。尧让厨师送给 70 岁以上的老人们吃，自己则喝野菜汤，吃糙米饭。

宫中的裁缝要用绫罗绸缎给尧做衣服。尧就让人把这些衣料发给准备结婚的男女们，而自己却穿粗麻布衣服，仅在天冷时披上一张兽皮。

有位大臣于心不忍，对尧说："您的生活太清苦。身为帝王，理应比一般人生活得好一些，臣民对此也能够理解。可你现在的生活连一个守门小吏也不如啊！"

尧笑道："你是站在特权的角度思考问题，自然会为我找到奢华的理由。但作为帝王，我必须以身作则，所以我和你的想法不一样。帝王不应该只想比臣民生活得好，而应该想法子让臣民生活得好一些。守门小吏天不亮就起来，半夜才能睡，晚上有急事需要开门时还得爬起来，比我辛苦，所以也理应比我生活得好一点。"

在尧的带动下，大臣们纷纷效仿他的做法，都过起俭朴的生活。

尧以自己的行动向下属做出了表率。帝王所以节俭，是所处的这个位置决定的，所以必须以身作则，坚守自己的责任和本色。的确，作为领导者，应该先考虑下属怎么想，先讲贡献，再谈享受。只有这样的领导者，才能真正聚合人心，垂范下属。

（4）卓有成效的领导者还要认识到：一切工作和努力的过程都需要结果来检验，领导者必须以结果为导向，重视绩效。唯有这样的领导者，才具有有效的领导力。

胜在执行

一切工作和努力的过程都需要结果来检验，领导者必须以结果为导向，重视绩效。唯有这样的领导者，才具有有效的领导力。

危急时刻的中流砥柱

任何企业都会遇到危机，如何化解危机最能体现领导者的领导水平。领导者不应该在面对危机时束手无策，而要善于预测危机、避免危机。“凡事预则立，不预则废”，领导者需要对危机作出基本的认识和判断。德鲁克认为，领导者即使不能避免危机，至少也要预测到它，绝不能坐以待毙。善于预测危机的领导者，才能带领组织化险为夷。

组织面对危机时，领导者是组织的主心骨，是组织的中流砥柱。可以这样说，领导者就是组织的中枢神经。他必须对外界及组织内部可能发生的暴风雨作出快速的反应，进而根据暴风雨的层次积极调适，争取渡过危机。

领导者要应对危机，首先必须预测危机。领导者的一项重要任务就是对组织前景的预测，当然也包括对可能发生的危机的预测。预测并不是猜测，而是全面地认识组织所处的发展阶段及行业发展现状。通过对组织全面而细致的考察，进而发现问题背后的问题，找到趋势深处的趋势。

很多领导者只是夸夸其谈如何应对危机，却不能从现实出发，从而尽可能地预防危机、杜绝危机。

有这样一个故事。一对夫妻在谈论未来时，男人说：“假如有一天我中了风，不能说话了，你可要满足我最简单的要求。”女人问：“什么要求？”男人说：“我要是眨一下眼就是想吃鱼，再眨一下眼就是想吃炒饼。要求很简单，你一定照办。”妻子说：“你要是不停地眨眼，我可真猜不出你再想吃什么了。再说，你要是不能眨眼睛怎么办？”“就两样，就两样，我的要求很简单。”男人说。妻子最后说：

“你现在最简单的做法是把烟酒都戒了，这样离眨眼就远了。”

危机时刻都有可能发生，但不能无中生有地幻想危机。正如案例中的男人，他预测危机，却不能真正从现在开始预防危机。这样的预测，是在等待危机的到来，是一种不作为的行为。领导者如果以这样的思维去面对危机，那他至少不是合格的领导者。成功的领导者都会思考怎样通过预测危机从而杜绝危机，而不是挖空心思地制定危机预警机制。

成功的领导者在危机到来后不会手足无措，而只会镇定自若地解决危机。领导者必须明确，不能应对危机组织就只能败落，甚至无药可救。成功领导者的理由可能有千万个，但失败领导者的结果却只有一个！

三株集团曾是20世纪90年代中国民营企业的佼佼者，它创造了中国企业营销史上的奇迹。然而谁也不曾料到，1998年的一场不期而至的危机，却几乎将这个明星企业推向破产的深渊。

事件的直接肇事者仅是湖南常德一位已77岁高龄、身患多种严重疾病的过世者。其子声称他父亲在1996年6月服用三株口服液后引起高蛋白反应而于2个月后死亡，因此向三株索赔300万元。“常德命案”发生后，三株在常德的分公司将此事上报总部，总部派了一名副经理去死者家中探望。三株认为对方在没有证据的情况下要求三株承担死亡责任，这是他们难以接受的。他们放弃了花钱消灾，而轻率地选择了法庭解决。

事后，三株员工在反省时承认，事发伊始，公司对这件事的严重程度就重视不够。当与对方的调解陷入僵局时，三株没有及时请公安部门介入，进行严格的司法调查，从而及时澄清事实、消除后患，也为日后可能的纠纷搜集证据。等到后来出现法律纠纷而又活不见人、死不见尸时，案情便出现了谁都说不清的复杂局面，而这对三株来说无疑是灭顶之灾。

即使事件演变为法律纠纷，三株的领导者对案情的复杂程度依然认识不足。直到宣判当天，1998 年 3 月 31 日，当发现法庭里挤得密密麻麻全是媒体记者时，三株领导者才意识到形势的严峻。很快，三株做梦都想不到的结果发生了：常德法院居然判三株败诉！一纸判决就将自信的三株人彻底打入深渊，从此，形势急转直下，媒体对此大肆渲染，几乎不可收拾。更不可思议的是，地方法院居然主动将判决结果寄送给媒体。而当满腹委屈的三株意欲通过组织讨个清白时，一些权威部门的鉴定结果却是雪上加霜！

这次事件使三株的销售额从 70 多亿元跌到 10 多亿，直接经济损失达 40 亿元，损失 7 亿元银行存款。尤其致命的是，企业社会形象的崩溃和整个营销体系的瓦解，直接导致了产品滞销和大量退货带来的产品积压，甚至经销商这时也趁火打劫，拒绝回款。于是工厂全面停产，15 万员工下岗了 13 万，而留守骨干也因为士气低迷而流失严重。社会上关于三株的流言更使身心俱疲的三株董事长吴炳新有口难辩。

尽管在初审判决 1 年后，经过三株人的不懈努力，法律终于还给了三株应有的清白，但一切都晚了……虽然三株顽强地生存了下来，但时至今日三株仍与当年不可同日而语。

和其他企业不同，三株陷入困境不是由于其自身问题，而完全是领导者对危机误判造成的。如果在事件一开始，三株就能主动进行经济赔偿，把问题消灭在萌芽状态，那么后来的危机就不可能发生；即使调解失败，如果能及时介入司法调查，获取证据，那么情况也不会太糟糕；即使司法调查失败，如果能有效地和媒体沟通并取得政府部门和公众的谅解，那么事情也不至于不可收拾。一个小问题被无限地放大后，尽管最终三株赢了官司，却输了形象，输了市场。整个事件的任何一个阶段，如果三株的领导者能够对事件本身的严重性有足够的判断，那么这一事件就将是另一种结局。

然而，历史不能翻转重来。这一事件的教训意义非常重大，三株看起来是被一些偶然的因素打倒，实质是被必然因素推向深渊。领导者如果不能对危机进行充分的估计和预测，就不能对问题加以足够的重视，更谈不上预防危机。卓有成效的领导者的作用，就是通过应对危机来表现。

胜在执行

“凡事预则立，不预则废”，领导者需要对危机作出基本的认识和判断。德鲁克认为，领导者即使不能避免危机，至少也要预测到它，绝不能坐以待毙。善于预测危机的领导者，才能带领组织化险为夷。